Zij houdt van hem. Hij ook

Yvonne Kroonenberg

Zij houdt van hem. Hij ook

1993 *Uitgeverij* Contact Amsterdam / Antwerpen

Van Yvonne Kroonenberg verscheen eerder:
Alle mannen willen maar één ding
Alles went behalve een vent
Kan ik hem nog ruilen?

Omslagontwerp Pieter van Delft, ADM International bv, Amsterdam
Omslagfoto Paul Huf
Typografie Jenny van Achteren

ISBN 90-254-0078-7
D/1993/0108/627
NUGI 351
CIP

Verliefd

Ik had een liedje in mijn hoofd dat ik maar niet kwijt kon raken. Het was in het Duits en ik kende maar één regel, die nog een leugen was ook: das Schönste in der ganzen Welt, das ist die Liebe tralala tralala.

Het kwam doordat ik net met Manja had gesproken en zij is verliefd. 'Ik ben zó gelukkig!' jubelde ze en maakte er een gebaar bij alsof ze een groot applaus in ontvangst aan het nemen was.

'Leuk voor je,' zei ik. Ik meende het maar een beetje. Vroeger had Manja nooit op een diva geleken, ze was juist nogal zakelijk. Geen sentimentele flauwekul voor Manja, maar nu had ze Gert, een bijzonder gevoelige, ontroerende en toch zo mannelijke man als je haar mag geloven. Hij schijnt nog veel meer goede eigenschappen te hebben, die ze graag wilde opsommen, maar ik zei dat ik weg moest. En toen begon dat liedje over de mooie Liebe in mij rond te zingen.

Voor degene die verliefd is, mag het een mooie ervaring zijn, voor de omstanders is de liefde vooral potsierlijk. Ik zou niet één gemoedsaandoening weten te bedenken waar mensen zo raar van gaan doen, of het zou jaloezie moeten zijn, maar dat is ook een bijverschijnsel van de liefde.

Ik besprak Manja's toestand met een gemeenschappelijke kennis.

'Het wordt niks met die Gert,' zei zij, 'hij geeft niet om haar.'

'Zij zegt van wel,' weerlegde ik. De gemeenschappelijke kennis schudde meewarig haar hoofd: 'Zij is verliefd op hem, hij niet op haar. Hij houdt nog van die vorige, die actrice.'

Ineens begreep ik waar dat malle theatrale gebaar van Manja vandaan kwam. Ze wilde niet voor de concurrentie onderdoen.

Ik heb zelf ook altijd idioot gedaan als ik verliefd was. Het eerste jaar dat ik met mijn plattelandsverloofde omging, wees ik steeds interessante weidevogels aan en noemde ik de namen van de vlinders. Die had ik van hem geleerd en nu verveelde ik andere mensen ermee. Het ging pas over toen hij het uitmaakte. 'Je was onuitstaanbaar,' heeft een vriendin me eens verteld, 'en dan dat gezeur over de literatuur!' Ik kreeg een kleur toen ze dat zei. Hij hield inderdaad erg van de literatuur dus zal ik in die tijd wel als een bevlogen bibliothecaresse tekeer zijn gegaan. 'Wat erg!' zei ik, 'neem me niet kwalijk.' Maar ze begreep het wel. Ze was ook verliefd geweest, op een blaaskaak, vertelde ze, een man die zich graag groot en geweldig voelde, naast wie zij dan afstak als een rank elfje dat bescherming behoefde. Om de idylle te illustreren zat ze altijd op de grond, met haar hoofd tegen zijn knieën geleund. Ze lag aan zijn voeten te slapen, terwijl hij belangwekkende boeken las. Als ze wakker werd, droeg hij haar naar de slaapkamer, waar een mooie taak voor haar was weggelegd.

Zouden mannen minder gek doen dan vrouwen als ze verliefd zijn? Ik ken één man die plotseling begon te huppelen als hij liep, omdat zijn nieuwe vriendin zich zo verplaatste, maar verder weet ik alleen rare verhalen over vrouwen.

Ze hebben hun hart verpand aan een man, maar dat is ze niet genoeg. Ze willen één met hem worden, in alle opzichten. Ze zoeken zijn kleren voor hem uit, ze richten zijn huis in, ze koken zijn eten. Als hij van voetballen houdt, zitten ze naast hem op de bank naar de Europacup te kijken, als hij gek is op zeilen, varen ze mee op die rotboot en houden het fokje vast.

'Ik zie me nóg staan, aan de rand van het hockeyveld,' bekende mijn zuster. Ze was verliefd geworden op een man die in zijn vrije tijd hockeyde. De eerste twee weken dat ze met elkaar omgingen, waren ze nog samen gaan wandelen en hadden ze romantisch getafeld bij kaarslicht, maar daar kreeg hij al gauw genoeg van. Hij wilde weer hockeyen en zij moest mee. De liefde duurde niet lang, mijn zuster is verstandig. Dat zie je niet vaak bij vrouwen.

Sommigen dompelen zich zo onder in het leven van hun man, dat ze zelfs zijn beroep adopteren. Doktersvrouwen beheren de praktijk van hun echtgenoot en houden bij de telefoon de wacht terwijl hij onder het mom van een huisvisite bij zijn minnares langs gaat. De vrouw van de schrijver tikt zijn manuscripten uit en regelt voorleesavonden.

Mannen doen niet zo. Als een man verliefd is, raakt hij ook in vervoering, maar dat gevoel richt zich niet zozeer op haar. Hij gaat er zelf enorm van glanzen.

Twee jaar geleden zat ik bij een diner naast een man, die het vaderschap bezong. Ik houd niet erg van het gezinsleven en na een kwartier begon ik te gapen van al die wederwaardigheden op het woonerf, maar de man meierde maar door. Onlangs kwam ik hem weer tegen. Hij was helemaal veranderd. In plaats van een kantoorcolbert droeg hij een zijden jasje, hij liet voortdurend zijn gave gebit blinken en hij was zeven kilo afgevallen. Dat kon ik goed zien, want hij rekte zich steeds uit en dan zag ik dat hij geen veertig-plusbuik meer had.

Hij was verliefd, meldde hij. Het had hem veel zielestrijd gekost, maar hij had zijn gezin verlaten, want heus, het kon zo niet langer. 'Wat kon niet langer?' vroeg ik. De man trok een ernstig gezicht en zuchtte: 'Mijn huwelijk.'

Het bleek dat hij een veertien jaar jongere vrouw was tegengekomen. Het was liefde op het eerste gezicht geweest, maar ze hadden zo lang mogelijk geprobeerd de consequentie ervan uit te stellen: een scheiding en het afscheid van het vaderschap. Nu was het vaderschap ook niet meer wat het geweest was, sinds de dochters belangstelling voor jongens hadden opgevat en aan zijn vrouw viel ook niet veel te beleven. Die hield veel minder van hem dan zijn nieuwe vriendin. Er speelde een geil grijnsje om zijn mond.

Ik knikte begrijpend: zij pijpt en die echtgenote niet.

'Mijn hele leven is veranderd,' zei de man. Hij woonde niet langer op het woonerf, maar in een stacaravan die hij van een vriend had geleend, een primitieve behuizing, maar dat maakte hem niets uit. De liefde ging voor. Hij barstte van nieuwe energie, op zijn werk ging het uitstekend: hij had promotie gemaakt, hij had nu een autotelefoon, een duurdere auto en fantastische plannen. Hij wilde een oude droom verwezenlijken en een reis naar Nepal maken, met haar. Daar had zijn vrouw nooit iets voor gevoeld, die wilde naar de Dordogne met de kinderen. Zijn vriendin was heel anders, die zou hem desnoods op haar naaldhakken naar de toppen van de Himalaya volgen, ongetwijfeld om hem daar op haar eigen manier tot ongekende hoogtepunten te voeren, dat wilde ik graag geloven.

Hoe kan zo'n vrouw erin trappen, dacht ik met weerzin, maar ik wist het antwoord heel goed. Ze is verliefd en bereid zijn autotelefoon erbij te pijpen. Ze is totaal vervuld van hem, ze houdt van hem.

Hij ook.

Autoruzie

Als ik aan mijn verloofde vraag: waar ligt Amsterdam? tuurt hij even naar de lucht en wijst een richting aan. Al staan we in Bangkok, dan nog weet hij zich te oriënteren. Ik kan dat niet. Als ik in een winkelstraat een winkel binnenloop, daar vijf minuten rondkijk en weer naar buiten ga, weet ik niet meer van welke kant ik was gekomen. Toen ik nog in de Jordaan woonde waar alle straten scheef lopen, moest ik geregeld de weg naar mijn eigen huis vragen, anders liep ik uren te dwalen.

Oriëntatievermogen schijnt een talent te zijn dat vooral bij mannen voorkomt. Vrouwen hebben het zelden, dus hoef ik me niet te verontschuldigen voor mijn onvermogen. Mannen die steeds de weg kwijtraken, schamen zich ervoor.

Een beetje man is postduif. Daar komt veel narigheid van.

Mijn zwager ligt vaak overhoop met zijn gezin omdat hij steeds verdwaalt en niet wil dat zijn vrouw de weg gaat vragen.

'Ik weet precies waar we heen moeten,' zegt hij, 'daar is het westen.'

Maar er klopt iets niet met het westen of niet met de kaart en het is de familie zelfs gebeurd dat ze met z'n vieren op een zandweg in Turkije, ver voorbij de bewoonde wereld in de brandende zon hun mond zaten te houden, terwijl papa de kaart las. Ten slotte moesten ze hun eigen bandensporen terugvolgen en was hij nog boos ook, omdat zijn vrouw vroeg of zij even op de kaart mocht kijken.

In Nederland raakt hij verstrikt in nieuwbouwwijken en vloekt dan op de planologen. Laatst moest hij zijn dochter naar een verjaarspartijtje brengen. Om twee uur zouden de kinderen bij de jarige thuis verzamelen om naar het zwembad te gaan, maar mijn zwager kon de straat niet vinden.

'Geeft niet, schat, dan rijden we direct naar het zwembad,' zei hij tegen het huilende kind, 'dan ben je ruimschoots op tijd.' Maar ze kwamen niet op tijd, want er was een omleiding en een straat met eenrichtingverkeer en toen kon hij het zwembad niet meer vinden.

'Laten we het aan die mevrouw vragen!' jammerde zijn dochter.

'Dat is nergens voor nodig, ik weet het al,' zei mijn zwager en inderdaad arriveerde hij na nog een halfuurtje verdwalen bij het zwembad. De feestvierders begonnen net genoeg te krijgen van het koude water.

Zolang hij niet in een auto zit, is mijn zwager een schat van een man, maar achter het stuur drijft hij iedereen tot zelfmoord. Dat klinkt misschien een beetje overdreven, maar laatst las ik een bericht in de krant over een vrouw die in de auto zo kwaad was geworden op haar man, dat ze was uitgestapt. Niet bij een stoplicht, maar op de snelweg, bij een vaart van honderd kilometer per uur. Ze was niet dood, ze had alleen het een en ander gebroken.

Ik krijg ook steeds ruzie met mijn verloofde als we in

de auto ergens heen gaan. Hij wil niet dat ik me met de gang van zaken bemoei en als ik maar even iets zeg, roept hij: ksst!

Zo wens ik niet aangesproken te worden en dan ga ik een uur lang beledigd zitten zwijgen en is de lol van het uitstapje bedorven.

Een paar jaar geleden waren we in Siena, een oude Italiaanse stad met middeleeuwse muren. De auto stond op een parkeerplaats en hij wist nog precies waar: bij de middeleeuwse muur. Uren hebben we langs de stadsmuren gesukkeld, op zoek naar de auto. 'Hij moet hier ergens staan,' zei hij, 'we zijn er zó.'

Toen hij even niet oplette, heb ik gauw een politieagent aangehouden en raad gevraagd. De man nam de toestand in ogenschouw, schudde meewarig het hoofd en nodigde ons uit in de patrouillewagen. Binnen vijf minuten waren we bij de auto, maar mijn verloofde was niet dankbaar. 'Ik zei toch dat we er vlakbij waren,' zei hij, 'ik had hem heus wel gevonden.'

Autoruzie komt veel voor, je ziet maar zelden een echtpaar opgewekt converseren in de auto. Meestal kijken ze kwaad voor zich uit. Hij rijdt te hard en te wild, zij zit op een imaginair rempedaal te trappen en roept steeds 'kijk uit!' waar hij zich dan weer rot van schrikt. Als zij rijdt, maakt hij afkeurende geluiden omdat ze volgens hem ruw doet met de versnellingspook.

Sommige mensen hebben al autoruzie als ze nog thuis zijn, over wie de baas van de auto is. Mannen hebben het over 'mijn' auto, vrouwen zeggen 'de' auto of 'onze' auto. Het ergert haar als hij mijn auto zegt. 'Ik zeg toch ook niet *mijn* huis of *mijn* prullenmand!'

'Je zegt wel *mijn* wasmachine,' zegt de man dan.

'Ik zeg mijn wasmachine omdat jij nooit de was doet,' zegt de vrouw.

'Ik zeg mijn auto omdat ik de enige ben die kan rijden. Jij rijdt als een bejaarde met pleinvrees.'

Ik ken vredelievende mensen die in alle opzichten bij elkaar passen. Ze stemmen op dezelfde partij, ze houden van dezelfde films en dezelfde muziek. Alleen in de auto voeren ze oorlog. Rammel met de autosleutels en ze worden wild. Met verbeten gezichten stappen ze in, vastberaden iedere verkeersfout die de ander maakt op te merken. Waarom remt hij bij ieder stoplicht zo abrupt? Moet die fietser per se van de weg af gedrukt worden? Hoe bestaat het, ze gaat midden op een kruispunt staan om te kijken of er verkeer aankomt!

Ze zouden een voorbeeld moeten nemen aan gehuwde openbaar-vervoerreizigers, die zijn bijna onnatuurlijk braaf. Ze kijken zoet naar het landschap, ze laten elkaar voorgaan bij het instappen, ze gunnen elkaar een plaatsje bij het raam. 'Wil je achteruit rijden of vooruit?' vraagt de man aan de vrouw.

'Vooruit!' zegt ze dankbaar. Hem maakt het niet uit, maar haar wel. Dat ligt aan haar richtinggevoel. Als ze achteruit rijdt, raakt ze de kluts kwijt.

Dik

Als iemand mij vraagt hoeveel ik weeg, zeg ik 50 kilo. Het is niet waar, ik weeg iets meer, een pond en soms een kilo, maar die lieg ik eraf. Iets anders kan ik er niet mee doen, want afvallen lukt niet. Dat vind ik heel erg. Vanwege die ene kilo denk ik dat ik dik ben en als ik in de spiegel kijk, zie ik een olifant. Dat hebben meer vrouwen. Ze dromen van een figuur dat ze nooit zullen hebben en vergallen hun leven door bij iedere hap die ze in hun mond steken te bedenken hoeveel calorieën erin zitten. 'Hier word ik dik van,' denken ze, 'dat weet ik best, maar toch eet ik alles op. Ik ben dus niet alleen dik, maar ook slap.' Dik en slap, dik en schuldig, dik en slecht, heel veel vrouwen denken zo over zichzelf. Radeloos worden ze ervan en er is maar één ding dat daartegen helpt: eten. Een bord aardappelpuree voor de krater in het zelfvertrouwen, een moorkop als troost voor de gebroken trots.

En als de laatste kruimel is verslonden komen de nieuwe voornemens. Vanaf morgen gaat ze echt afvallen, met het nieuwe brooddieet, het puntendieet, het fruitdieet.

Mannen zijn in dat opzicht anders. Er zijn wel mannen die zichzelf te dik vinden, maar dan zijn ze het ook. Ze hebben een veertig-plusbuik of bolle wangen. Soms doen ze een poging hun figuur weer in het gareel te krijgen, maar als dat niet meteen wil lukken, laten ze het maar zo. Ze hebben geen talent voor onthouding. Ze vinden het leven niet leuk als ze geen bier meer mogen drinken en ze lusten geen sla. Daarom worden ze onbekommerd dik en niemand houdt ze tegen. Vooral hun vrouw niet. Die is diep in haar hart blij met zijn dikke buik. Naast hem lijkt zij slank en daarbij hoopt ze dat zijn omvang een belemmering is voor vreemdgaan. Die dikke van mij slaan ze over, hoopt ze.

Het zal niet helpen, vrees ik. Vrouwen zeggen wel dat ze dikke mannen weerzinwekkend vinden, maar ze vergeven hem zijn vet onmiddellijk als er iets aardigs tegenover staat. Een Cadillac of verstand van zaken. Het is verbazend hoeveel dikke lelijke mannen een vrouw aan hun zijde hebben die innig naar ze opkijkt. Of zelfs neer.

'Ik vind het niet erg als een man dik is,' zei een vrouw, 'zolang het boven de broekriem is. Maar een buik, zo'n slappe buik die in zijn broek wegzakt, met brede blubberbillen aan de achterkant en dunne benen...' Ze kon haar zin niet eens afmaken, zo'n vies gezicht trok ze.

'Maar een stevige bierbuik?' hielp ik. Ze klaarde zienderogen op. 'Die mannen zien er best goed uit en ze kunnen heel lichtvoetig zijn. Elegant bijna.'

Ik wist wat ze bedoelde. Ik heb eens een avond doorgebracht met een uitgesproken dikke man. Hij was architect en wilde me een gebouw laten zien dat hij ontworpen had. Het was een mooi gebouw, met vrolijke erkers en een bijzondere lichtinval. Terwijl de man voor me uit liep en aanwees wat ik mooi moest vinden, keek ik naar zijn zware dijen. Hij was dik, veel te dik, maar ook sterk. En hij had een verende tred, alsof hij danste. 'Kun je dansen?' vroeg ik. 'Ja,' zei hij verrast, 'hoezo?' Ik mompelde iets over het gebouw en de uitstraling, maar ik dacht: Als zo'n dikke man kan dansen, is hij vast ook goed in bed. Het was zo.

'Weet je wat erg is?' zei de vrouw, 'een slungelige man, die dik blijkt te zijn.'

'Hoe kan dat nou?' vroeg ik, want zo een heb ik nog nooit gehad. Zij wel. Hij was een lange man met een mager gezicht, vertelde ze. Magere benen had hij ook, smalle schouders en dunne armen. Het dikke begon onder de ribbenkast. Daar hing een vleesschort. Omdat hij meestal wijde kleren droeg, zag je het pas als hij zich uitkleedde. 'En weet je wat nou zo gek is,' zei ze, 'je zou denken dat zo'n man zich een beetje geneert over zijn figuur, maar dat deed deze helemaal niet. Hij was zo uit de kleren en ging met die slappe buik doodgemoedereerd op bed zitten kijken hoe ik me uitkleedde. Ik dacht nog, ik stuur hem weer weg, maar ik was toch een beetje verliefd op hem. Hij was heel geestig.'

'Hoe kwam hij zo dik?' vroeg ik.

'Wokkels,' zei ze somber, 'en pinda's en pretletters en stukjes worst. Taart en bonbons en voor het slapen gaan nog een dubbele boterham. Die man was de hele avond bezig zichzelf lekker vol te stoppen. Daar heb ik het om uitgemaakt op den duur. Ik kon niet tegen die zelfverwennerij. Zelfs als hij mijn dochter haar peuterprak zat te voeren, prikte hij een vorkje mee. Dan riep hij wel: "Bah wat een laffe smaak, dat baby's dat lusten!" Maar evengoed nam hij nóg een hapje. Hij is zelf een baby, een onverzadigbare zuigeling.'

Ik rilde en dacht aan Huub. Huub is ook dik, hij is vierkant. Dat weet hij heel goed. 'Ik ben vraatzuchtig,' zegt hij, maar daar lijkt hij zich bepaald niet voor te schamen. Ik heb eens op een feestje gezien hoe hij een kwarkpunt naar binnen harkte. Hij hield het schoteltje op zijn vlakke hand voor zijn opengesperde mond en schrokte de kwarkpunt in een paar seconden op.

Zijn voormalige vrouw heeft me eens verteld dat hij in bed ook zo onbeheerst is. Als hij klaarkomt schijnt hij enorm te schreeuwen. Ik moet er niet aan denken dat je zo'n man hebt. Eerst schrokken en dan schreeuwen. Misschien dacht zij dat hij daar nog wel mee op zou houden als ze het hem vriendelijk vroeg. Ze heeft ooit geprobeerd hem van het snoepen af te houden door alle koekjes en bonbons te verstoppen, maar dat hielp niet. Als een mol ging hij door het hele huis, tot hij ze gevonden had en dan at hij alles achter elkaar op.

Je kunt een man niet veranderen, hij werkt niet mee. Als je aanmerkingen op hem maakt, haalt hij zijn schouders op of hij wordt kwaad en loopt weg.

De man van wie Huubs ex-vrouw tegenwoordig houdt is ook dik, al is hij wat minder gulzig dan zijn voorganger. 'En hij is van boven breder dan van onder,' zei ze. 'Dan geeft het niet als een man een beetje dik is. Als hij maar niet op een peer lijkt.'

'En niet schreeuwt in bed,' beaamde ik, 'en niet smakt.'

Tafel- en bedmanieren komen vaker overeen, vooral bij mannen. Bij vrouwen ligt het een beetje anders. Een man die wil weten of een vrouw een plezierige liefdespartner zal zijn, kan beter niet op haar gedrag aan tafel afgaan. Vrouwen smokkelen. Als er toeschouwers zijn, doen vrouwen of ze frêle vogeltjes zijn. Ze treuzelen met hun eten, ze rollen eindeloos de spaghetti om hun vork en laten hem net voor ze toe zullen tasten terugglijden op het bord. Ze prikken lusteloos rond tussen de aardappels en spelen met de biefstuk. Maar ze zijn nog niet alleen of ze veranderen in de zuster van hollebolle Gijs. Grote stukken vlees, dikke proppen brood, vorken vol lasagna, alles gaat grif naar binnen.

En daarna zijn ze bedroefd.

Post cenam omne animal triste est.

Mode

'Als jij nog één keer dat vieze groene jasje aantrekt, pak ik het af,' zei mijn vriendin.

'Het is niet vies,' protesteerde ik.

'En dan gooi ik het weg.'

Zij is bezig met een verbeteringsprogramma voor mij. Ze vindt dat ik me slecht kleed en daar heeft ze gelijk in. Ik kan er niks van. Dat ligt niet aan mijn inzet, ik ben van goede wil, maar bij nette kleren horen damesschoenen en daar kan ik niet op lopen. Een mooie jurk met lompe schoenen is geen gezicht, dus draag ik meestal een spijkerbroek. En dat jasje.

Mijn vriendin weet niet, dat ik thuis nog veel ergere kleren aanheb. Als ik denk dat er toch niemand langskomt, heb ik een joggingbroek aan en een katoenen trui die verkeerd is gewassen. Het gebeurt maar zelden dat ik er deftig uit hoef te zien en voor die gelegenheid heb ik een mantelpak.

Ik heb ook een lange jurk. Hij is van wit satijn en er hangt een sleepje aan, dus misschien was hij ooit bedoeld als trouwjurk, maar ik heb hem als avondjurk gedragen. Dat was op een cruiseschip, de beroemde Queen Elizabeth II. De Queen Elizabeth II is een Engels schip en de traditie eist dat de passagiers 's avonds in het lang aan het diner verschijnen. De Amerikanen aan boord trokken zich niets aan van het gebod en kwamen rustig in een roze geruite broek aan tafel of in een gebloemde bermuda, maar alle andere mensen waren in avondkleding. Er waren wel veel rare lange jurken bij, vooral de Engelsen zagen er niet uit. Het leek of sommige Engelse dames zich in een gordijn hadden gerold.

Ik vond mijzelf prachtig in mijn avondjurk. Ik wankelde wel een beetje op mijn hoge hakken, maar dat is op een schip heel gewoon. Ik nam mij voor me eens wat vaker mooi te maken, maar het is er nooit van gekomen. Dat ligt aan mijn verloofde, die waardeert het niet genoeg. Hij moet niet veel hebben van hooggehakte poppetjes. 'Daar moet je steeds een deur voor openhouden,' zegt hij, 'en op straat komen ze niet vooruit. Dan is het net of je met een hele oude hond wandelt. Of met je oma.'

Hij vindt een vrouw het mooist als ze een korte broek aanheeft en wandelschoenen. 'Dan weet ik zeker dat ze leuk is in de omgang, want ze houdt van lopen,' zegt hij.

Ik begrijp wel wat hij bedoelt, ik heb hetzelfde met vormgegeven mannen. Een man met glimhaar en een reclamepak heeft zijn best gedaan, maar hij wekt in mij geen begeerte. Ik zou niet weten wat je met zo'n man moet doen. Winkelen? Op een afdeling waar ik vroeger werkte, was een man die leuke kleren droeg. Het begon met een gebloemde das. Die was mooi. Maar toen kwamen er gebloemde schoenveters bij. Roze overhemden en kanariegele truien hoorden bij de uitmonstering, grasgroene broeken. Ik probeerde zijn pogingen toe te juichen, omdat het toch dapper en vernieuwend was wat hij deed. Maar met de kleren kwamen de kilo's. De man werd dikker en ging steeds meer op een paasvarkentje lijken.

Ik zie graag bedrijfskleding. Ik vind stofjassen aardig staan en versleten overalls. Glazenwassers zien er ook spannend uit. Ze hebben een brede gordel waar de wisser in hangt en de zeem. De hoefsmid heeft een groot leren schort met kruisbanden over zijn rug. Als ik een hoefsmid zie, kan ik me bijna niet bedwingen. Maar het toppunt is het timmerschortje. Dat is een korte voorschoot waar het gereedschap van de timmerman in hangt. Dit klinkt nogal plat-dubbelzinnig, zo bedoelde ik het niet.

Ik heb mijn verloofde, die timmerman is, wel eens gevraagd of hij zo'n jofel schortje wil gaan dragen in zijn werk, maar dat wil hij niet. 'Ik heb al een gereedschapskist,' zegt hij, 'ik hoef geen schort.' En dan trekt hij zijn kleren-gezicht. Het is een speciale gelaatsuitdrukking, een mengeling van afweer en onverzettelijkheid, die hij opzet als hij een nieuw kledingstuk moet kopen. Kleren kopen betekent bij ons altijd ruzie. Omdat ik ook geen aardigheid heb in winkelen, ben ik op dagen dat we een spijkerbroek voor hem moeten gaan kopen nogal kortaangebonden, maar ik ga wel mee. Anders koopt hij een iets te grote scheve spijkerbroek op de markt, zo'n broek die maar een tientje kost. Daar wil ik niet naast lopen, dus gaan we samen naar de stad en krijgen ruzie. Laatst ook. Hij wilde beslist geen winkel in waar popmuziek dreunt, dus hebben we stad en land afgelopen tot we bij een obscure zaak kwamen waar Herenmode op stond. Ze hadden er alles, behalve spijkerbroeken.

'Daarvoor moet u op de wandelpromenade zijn, in het centrum,' zei de bediening van Herenmode. Toen we eindelijk een spijkerbroekenwinkel hadden gevonden waar de audioinstallatie kapot was, kwam het volgende probleem:

'Die rare broek trek ik niet aan,' zei mijn verloofde, 'die is modern.'

'Dat is juist een klassiek model,' zei ik, 'met knopen.'

'Mijn spijkerbroek heeft geen knopen,' zei hij en wees op de broek die hij aanhad. 'Ik wil zo'n broek.'

Toen werd ik razend en zo gaat het altijd. Die man is een meester in het lijdelijk verzet. Terwijl ik samen met het winkelpersoneel naar de juiste maat aan het zoeken ben, begint hij te drentelen, een paar stappen naar het ene rek, een paar stappen naar het andere en dan nog een stukje in de richting van de uitgang. Daar word ik erg zenuwachtig van.

En dan komt het passen. Met een gezicht alsof hij naar de oorlog wordt gestuurd, verdwijnt hij in het pashokje en als hij weer tevoorschijn komt, gaat hij er zo zakkig mogelijk bij staan, zodat de vlotte spijkerbroek op een onooglijk vod lijkt en het dure colbert op een pyjamajasje.

'Dat staat meneer heel goed,' zegt het winkelpersoneel.

Ik hoorde een verhaal over een echtpaar dat ook steeds ruzie maakt over kleren, maar bij hen gaat het anders. Als ze gaan winkelen, zoekt de vrouw prachtige Italiaanse jasjes voor haar liefste uit, zijden overhemden en dure truien en daar staat hij goedkeurend naast te mompelen, maar als hij ze eenmaal gekocht heeft, draagt hij ze verkeerd. Hij trekt doodgemoedereerd een grijs-geel geruit jasje aan op een blauwe broek. 'Dat hoort bij je grijze broek!' jammert zijn vrouw, 'en dat gestreepte overhemd kan er helemaal niet bij.'

'Waarom niet?' zegt hij schouderophalend, 'wat maakt het uit?'

Telkens komt hij met de meest potsierlijke combinaties tevoorschijn en vertikt het zich te verkleden. Daar wordt zijn vrouw heel boos om. En dan is er nog de kwestie van de knoop. Het is de knoop van het blauwe jasje dat bij de grijze broek past, bij de zwarte en ook leuk staat op een spijkerbroek. Die knoop doet hij niet open als hij gaat zitten, dus die springt steeds van het jasje af. Tientallen keren heeft zijn vrouw die rotknoop al aangenaaid, ze heeft hem gesmeekt en uitgescholden, maar niets helpt. 'Jij kunt geen knopen aannaaien,' zegt hij. Om te laten zien dat hij het beter kan, heeft hij de knoop er laatst zelf aangezet. Inderdaad bleef hij toen onwrikbaar zitten, maar er scheurde een hele reep stof uit het jasje.

'Je mooie Italiaanse colbert is naar de maan,' huilde zijn vrouw.

'Welnee,' zei hij, 'ik kan het nog best aan.' En dat doet hij ook, het is zijn lievelingsjasje geworden. Hij draagt het bij voorkeur bij een broek die er niet bij past en de knoop hangt aan een soort slurfje. Hij kan er gerust mee gaan zitten, het maakt niks meer uit.

Zijn vrouw wordt er wanhopig van. Zij begrijpt hem niet, ik wel. Ik heb ook zo'n jasje. En al hangt de hele kast vol haute couture, dat laten we ons niet afpakken.

Kingkong

Mijn vader is nooit in dienst geweest. Hij werd afgekeurd, niet zoals de meeste mannen in mijn omgeving op S-5, maar vanwege zijn nietige gestalte. 'Zo'n iel ventje kunnen we hier niet gebruiken,' zei de kranige militair die de manschappen keurde.

Mijn vader had zich erbij neergelegd dat hij niet op Kingkong leek, maar hij omringde zich wel graag met grote dingen. Hij hield van grote huizen, grote auto's, ruime voorzieningen. Als mijn vader boodschappen deed kwam hij steevast met veel te veel thuis. Op de markt kocht hij een hele kam bananen of voor vijfentwintig gulden dertig kamerplanten die hij hijgend naar huis sjouwde. Toen mijn ouders een nieuw bankstel nodig hadden, koos hij de allergrootste vijfzitter die op de hele meubelboulevard te vinden was. Toen het gevaarte arriveerde schrok mijn moeder nogal. Waar moest dat ding in hemelsnaam staan? Maar mijn vader stond gelukzalig toe te kijken: hier kwam een fijn bankstel. Het kon maar net in de kamer. Omdat hij ook de hand had gehad in de aanschaf van de eethoek en een bureautje voor mijn moeder, was er niet veel ruimte over. Het bureau had een kleine schrijftafel moeten zijn, waaraan mijn moeder haar correspondentie kon doen en de girobetalingen, maar mijn vader bedacht steeds nieuwe dingen die er ook in opgeborgen moesten kunnen worden en het bureau werd almaar groter. Als je nu bij mijn moeder op bezoek komt, zit ze als een scheepskapitein achter dat enorme meubelstuk, een piepklein vrouwtje.

Kleine mannen schijnen vaak een voorkeur te hebben voor grote voorwerpen, omdat ze hopen dat iets groots bij ze past. Maar grote mannen overschatten zichzelf voor de zekerheid ook. In de condoomindustrie weten ze daar alles van. Daar bestaan alleen grote mannen. Er zijn drie maten condoom: large, extra large en king size. Niemand koopt ooit iets kleiners dan king size.

Groot is mannelijk. Je ziet ook maar zelden een man met een vriendin die groter is dan hij. Hoe aardig hij iemand ook vindt, als zij meer dan een centimeter boven zijn hoofd uitsteekt, is ze niet geschikt als liefdespartner, want dan voelt hij zich een gupje. Naast een vrouw die kleiner is, kan iedere vent zich een kerel voelen.

Ik ben niet erg groot, kleiner dan alle mannen. Als ik op straat loop, zie ik geregeld de schattende blik van mannen van een meter vijfenzestig. 'Die kan ik hebben,' zie ik ze denken.

Maar ik wil geen klein mannetje, die zijn me te driftig. Niet allemaal natuurlijk, maar ze willen nog wel eens opvliegend van karakter zijn, vooral als ze klein én kaal zijn.

Ik ken een gymleraar van een meter achtenzestig. Op de sportacademie heeft hij getraind dat het een aard had, maar niks hielp, hij bleef schriel. En kaal. Hij heeft wel veel haar op zijn borst, maar dat maakt hem nog niet tot wat hij zou willen zijn: een boom van een kerel. Deze gymleraar lijkt vooral op een keffertje, dat ligt ook aan zijn manier van spreken. Wat hij te kort komt aan lichamelijk aanzien, probeert hij goed te maken door flink van zich te laten horen. De leerlingen op school zijn bang voor hem, want hij is altijd kwaad. Overal ziet hij vijanden die het op zijn waardigheid gemunt hebben. In het openbaar vervoer heeft hij eens luidkeels vloekend zijn strippenkaart in duizend stukken gescheurd ten overstaan van een beduusde controleur, die het ook niet kon helpen dat dat kleine kale meneertje verkeerd had afgestempeld.

Lange mensen worden in het algemeen met meer respect behandeld dan kleine. Ik ben eens op het terrein van een Amerikaanse filmstudio geweest waar decors van speelfilms stonden opgesteld. Sommige huizen in cowboyfilmstraten hadden een iets lagere deur dan andere, daar moesten de helden in- en uitlopen. Door die deur leken ze groter en heldhaftiger. Boeven moesten door een gewone deur. Waarschijnlijk is het vanwege het ontzag, dat mannen liever lang zijn dan klein. Daarom lopen mannen van een meter zeventig met iets te grote stappen. Zelfs in landen waar alle mannen klein zijn zie je ze dat doen. Het is verbazend zo hard als kleine mannen kunnen stampen.

De grootste mensen ter wereld zijn de Nederlanders. Niemand weet precies waar dat aan ligt. Nergens vind je zoveel mensen met schoenmaat 46 als in Nederland. Daar zijn de Nederlanders trots op. Waar een klein land groot in kan zijn, denken ze, maar ze weten die enorme lichamen niet erg elegant te besturen. In het buitenland zie je grote Hollanders met hun reisbescheiden hannesen, je ziet ze over loopplanken struikelen en over scheerlijnen. In Indonesië heb ik vaak hoofdschuddend naar Nederlandse toeristen staan kijken die in een betjak plaats probeerden te nemen. Op zulke momenten ben ik blij dat ik niet zo'n groot kavalje ben, maar thuis benijd ik ze soms. Ik zou bijvoorbeeld wel eens in een tram aan de lus willen hangen, maar dat gaat niet. Die hangen te hoog. Maar het kan nog erger. Mijn zuster van een meter negenenveertig is in een bus eens bijna verpletterd toen een mevrouw op haar schoot ging zitten. Die had niet gezien dat er al iemand zat.

'Hoe kan dat nou?' vroeg ik, toen mijn zus me dat vertelde.

'Het was het bankje dat achterstevoren staat en iets breder is dan de andere,' legde ze uit, 'ik stak niet boven de leuning uit en ook niet aan de zijkant.'

'Wat een vernedering,' zei ik, maar mijn zuster haalde haar schouders op. Ze wordt wel eens vaker over het hoofd gezien. Ik niet. Misschien ligt dat aan mijn houding, ik voel me niet zo klein als ik ben. Ik ben groter dan mijn moeder en mijn zusters, dus verbeeld ik me nogal wat. Doordat mijn vader al die grote meubels kocht, moesten we vroeger steeds op trapleertjes klimmen om ergens bij te kunnen en zelfs dan lukte het niet altijd en werd ik geroepen. Ik ben Kingkong in 't diepst van mijn gedachten.

De telefoon

Van beroep ben ik schrijfster, maar als ik wil schrijven moet ik uit logeren, want bij mij thuis gaat steeds de telefoon. Iedere tien minuten belt iemand op met een vraag of een mededeling en als ik na het gesprek ophang, duurt het even voor ik weer weet waar ik was gebleven. En dan gaat dat ding weer. De moeilijkheid is niet alleen dat er zo vaak gebeld wordt, maar ook dat ik verschrikkelijk nieuwsgierig ben. Ik denk altijd dat iemand een leuke verrassing heeft of een spannend verhaal dat ik nog niet ken, dus neem ik de telefoon aan.

'Hallo!' zegt een zeurstem, 'hoe is het met je? Ik dacht, ik bel maar eens.'

'Het gaat goed,' zeg ik, maar verder weet ik niks te melden. Uit verlegenheid begin ik vragen af te vuren en tegen de tijd dat we opgehangen hebben, ben ik buiten adem en een beetje overstuur.

Waarom bestaan er geen omgangsregels die aangepast zijn aan de moderne tijd? Iedereen weet dat je geen onbekende dames mag aaien, dat honden aan de lijn moeten en dat rechts voorrang heeft, maar voor iets alledaags als het telefoonverkeer bestaat maar één regel en dat is een slechte: als je de telefoon aanneemt hoor je je naam te zeggen. Hijgers zijn daar heel blij mee. Zij hoeven zich niet aan je voor te stellen. Ze kunnen meteen aan het hijgen slaan.

De hele dag rinkelt de telefoon. Omdat de mensen geen tijd hebben om op visite te gaan, komen ze telefonisch langs. Ze vragen hoe het gaat en praten even bij.

'Heb jij dinges nog gezien?'

'Nee, de laatste tijd niet. Jij?'

'Nee, ook niet.'

'Misschien heeft ze het druk.'

'Ja, dat kan best, ze werkt erg hard. En dan heeft ze de kinderen nog.'

'Moeilijk hoor, kinderen én een carrière.'

'Ja, en die vent van d'r brengt nog geen kopje naar de keuken.'

'Ik had die zak allang met het groot vuil meegegeven.'

De volgende tien minuten bespreken we de problemen van de werkende vrouw en dan willen we eigenlijk ophangen, maar we weten niet hoe. Als je in levenden lijve bij iemand op visite bent, kun je op je horloge kijken en zeggen dat het tijd is om op te stappen. Aan de telefoon is dat niet zo eenvoudig. Zolang de ander praat kun je wat slotakkoorden laten horen, maar niet iedereen luistert ernaar. Ik heb een vriendin die juist op nieuwe ideeën komt als ik laat weten dat ik wil ophangen. 'Ik ga aan het werk,' kondig ik aan.

'Ja ik ook,' zegt zij dan, 'ik was de slaapkamer aan het behangen.'

Dat is nieuws. 'O ja, behangen,' zeg ik en dan hebben we het daar nog even over. En dan over de dag die zo kort lijkt, zó is het ochtend, zó is het avond en dan zijn we eindelijk klaar met praten.

Mijn zuster gaat staan als ze het gesprek wil afbreken. Dat helpt niet, want dat ziet de ander niet, je moet er ook iets bij zeggen. De meeste mensen zeggen oké.

'Oké, ik ga neerleggen.'

'Oké,' zegt de ander, 'we spreken elkaar van de week nog wel.'

'Oké,' zegt de eerste opnieuw. Dat kan nog heel lang zo doorgaan. Ik heb eens uit wanhoop heel hard 'nou doei!' geroepen, zo diep was ik gezonken.

'Je moet zeggen dat je de deur uit moet,' raadde iemand aan, 'of dat er gebeld wordt, dat de loodgieter op de stoep staat.' Maar dat durf ik niet. Vooral zo'n loodgietersverhaal gaat al gauw een eigen leven leiden.

'Is je afvoer nog gerepareerd?'

'Welke afvoer?'

Zeggen dat ik ergens heen moet is ook al niet erg geloofwaardig. Ik hoef juist nergens heen, ik moet thuis zitten, schrijven.

Iedereen vindt het moeilijk van de lijn af te komen. In telefooncellen kun je dat goed waarnemen. De opbeller heeft genoeg van het gesprek en heft zijn elleboog. Dat is het eerste stadium. Als je buiten de cel staat kun je natuurlijk niet horen wat er wordt gezegd, maar ik ben er zeker van dat het eerste oké al heeft geklonken. Dan houdt hij zijn hoofd scheef in de richting van de uitgang. Het laatste stadium is, dat hij de hoorn kantelt in een hoek van zestig graden ten opzichte van zijn oor. Nu moet het definitieve oké komen en ja hoor, na een paar seconden is het telefoongesprek eindelijk afgelopen.

Zelf bellen vind ik erger dan gebeld worden, vooral als er sprake is van een telefoniste. Telefonistes halen iets heel lelijks in mij naar boven. Slechtgehumeurd, kortaangebonden snauw ik een eisenpakket door de telefoon. 'Blikje,' zegt de telefoniste of 'mentje'.

Het lijkt me niet leuk om telefoniste te zijn, want veel

mensen zijn onaardig tegen ze. Dat hebben ze niet verdiend. Ze doen hun best, maar sommige organisaties zijn zo groot en ingewikkeld dat ze telefonisch onbevaarbaar zijn. Van de ene employé word je naar de volgende doorgeschoven, tot het uiteindelijke vonnis klinkt: 'Ja, die collega is er vandaag wel, maar hij is nu met lunchpauze. Kunt u om half twee nog eens bellen?'

Van een kennis die op een ministerie werkt hoorde ik, dat ze het expres doen. Werknemers die geen zin in telefoon hebben, nemen een buitenlijn domweg niet aan. Of ze toetsen een willekeurig nummer in en schakelen de ongewenste telefoontjes op die manier weg. Zo dwalen wanhopige opbellers door de gebouwen, van het ene toestel naar het andere en terwijl ze wachten klinkt in de hoorn Vivaldi. Of een zingende popmuzikant. De mensenhater die de wachtmuziek heeft verzonnen dacht dat iedereen van muziek houdt. Dat kan wel zo zijn, maar dan is er ook een gerede kans dat de opbeller al een cd-tje op had staan. Schubert bijvoorbeeld, en daar denderen nu de *Vier Seizoenen* overheen.

Mij bellen is ook geen lolletje. Ik ben altijd in gesprek en als ik dat niet ben, ben ik er niet. Dan staat het antwoordapparaat aan waarop ik uitleg dat ik er niet ben. Ik dacht dat het handig zou zijn, zo'n antwoordapparaat, maar het tegendeel is waar. De mensen spreken verwijten in, omdat ze me nooit kunnen bereiken en ze willen allemaal teruggebeld worden. Dat vind ik geen leuk werk.

'Onzin,' zegt mijn verloofde altijd, 'jij bent gek op telefoneren. Je doet niet anders.' Dat is waar, ik telefoneer veel, dat komt, ik zei het al, doordat ik zo nieuwsgierig ben.

Maar ik ben lang niet zo erg als een andere schrijver

die ik ken. Die heeft maar liefst vijf telefoons! Het zijn twee lijnen, een officieel telefoonnummer dat zijn opdrachtgevers kunnen bellen en een privé-lijn voor zijn vrienden en kennissen. De hele dag is het een gerinkel van jewelste in zijn huis, maar hij mag niet aannemen, want hij moet werken. Hij is een drukbezet man en als hij steeds aan de telefoon hangt, komt zijn werk niet klaar, dus heeft hij een antwoordapparaat. Dat staat aangesloten op de werklijn. Als er een zakenrelatie belt, kan die de boodschap op het antwoordapparaat inspreken. Om flink door te kunnen werken, trekt hij ook de stekker uit de privé-telefoon. Zijn vrienden en kennissen weten dat, dus als ze op het privé-nummer geen gehoor krijgen, bellen ze de zakenlijn en maken een praatje met het antwoordapparaat.

Met gespitste oren zit mijn collega aan zijn bureau. Daar gaat de telefoon. Zou het een vriend zijn, die misschien iets leuks te vertellen heeft? Met een vaart stort hij zich van de trappen om te gaan luisteren.

'Hallo!' roept hij, 'ik ben er wel hoor!'

Maar soms wordt het zelfs hem te gortig. Niet alleen de stekker van de privé-telefoon gaat uit de muur, ook de zakentelefoon wordt losgekoppeld en alle vijf de telefoontoestellen verdwijnen onverbiddelijk in de keukenkast. Alleen het antwoordapparaat staat aan om inkomende boodschappen op te nemen. Met een zucht gaat hij naar zijn werkkamer en gaat aan zijn bureau zitten. Maar wat is dat? Hoort hij een klik? Is dat het antwoordapparaat dat ingeschakeld wordt? 'Ik ga niet luisteren!' roept hij nog flink, maar zijn voeten zijn al op weg naar beneden. Hij draait aan de volumeknop: ik ben het, die daar aan de telefoon is, ik wilde iets vragen.

Hij stormt naar de keukenkast en pakt gauw een toestel.

'Wat duurde het lang voor je opnam,' zeg ik.

'En maar kwekken en maar kwekken,' zegt mijn verloofde misprijzend, 'daar is de telefoon niet voor.'

Hij moest eens weten waar de telefoon allemaal goed voor is. Hele vriendschapsnetwerken onderhoud ik er mee en die niet alleen. Ook in mijn liefdesrelatie met hem komt de telefoon goed van pas. Hij is geen prater. Moeilijke gesprekken gaat hij uit de weg en op sommige vragen geeft hij helemaal geen antwoord. Als wij ruzie hebben, ontlopen we elkaar doorgaans tot de ergernis is geluwd en dat is natuurlijk niet goed voor een verhouding. Af en toe moet je iets uitpraten. Dat gaat nog het beste over de telefoon, want dan moet hij wel praten. Nors verder gaan met schroeven draaien, geïrriteerd met de krant ritselen, schouders ophalen en zwijgen, dat kan allemaal niet. Je moet om de beurt wat zeggen. Dus praten we tot het onderwerp is afgehandeld, de ruzie voorbij is en de liefde gered.

En de volgende dag moet ik dat weer allemaal aan mijn vriendinnen vertellen.

Ik heb geen tijd om te schrijven.

Het Othello-complex

Ik werd opgebeld: 'Wat vindt u van het Othello-complex?' Ik wist geen antwoord. Wat heeft Othello gedaan, Desdemona gewurgd, waarom ook weer?

'Het is het gevoel van onzekerheid dat mannen bevangt als ze met een feministische vrouw omgaan,' hielp de man aan de telefoon, 'ze kunnen er zelfs impotent van worden.'

Impotent, dan is het vast heel erg.

Ik probeerde iets verstandigs te bedenken om terug te zeggen, maar ik bleef steken bij dat woord: Othello-complex.

Hoe komt het toch dat mannen zulke mooie namen uitkiezen voor hun tekortkomingen? Een promiscue vrouw is een slet, een snol, een sloerie, een man die hetzelfde doet een Casanova, een Don Juan. Vrouwen mankeren nooit iets leuks, zelfs het Assepoester-complex is niet vernoemd naar de gouden koets en de glazen muiltjes, maar naar het gesloof dat eraan voorafging. Maar goed, bij moderne mannen is een Othello-complex geconstateerd en ik moest er iets van vinden.

Ik wil best geloven dat een man schrikt als zijn vrouw, die zo lekker kan koken, ineens een eigen inkomen wil. Als je hem mag geloven had ze helemaal uit vrije wil haar carrière laten lopen en voor het huishouden gekozen, omdat ze gewoonweg gek is op tuinieren en nu presenteert ze hem de rekening voor alle keren dat hij haar niet bedankt heeft voor haar offers.

Zo zijn we niet getrouwd, denkt hij natuurlijk en laat het er niet bij zitten. Hij gaat de sluimerende erotische spanning tussen de secretaresse op kantoor en hem tot leven wekken en vertelt haar, dat zijn vrouw lesbisch is geworden.

Er zijn ook mannen die van tevoren wisten dat ze met een feministe van doen hadden. Dat schijnen bij uitstek de mannen te zijn die een Othello-complex ontwikkelen. Ze waren vol goede moed begonnen: ze konden al koken, leerden zonder protest de was doen en stofzuigen en als hun vrouw zwanger werd, gingen ze mee naar de zwangerschapsgymnastiek. Daar hyperventileerden ze erop los en als het kind werd geboren, stonden ze hun vrouw uit te leggen hoe ze moest bevallen, tot ze de kraamkamer werden uitgestuurd. Goede feministische mannen, die geen moeite te veel is, maar ondank is hun loon. De vrouwen die met hen samenleven vinden het niet meer dan normaal als een man zijn aandeel levert in het huishouden, ze prijzen hem niet als hij de afwas doet. Op de televisie zag ik een programma waarin dergelijke mannen over hun leven vertelden. Ze waren niet gelukkig.

Terwijl alle chauvinistische zwijnen erop los leven en nooit een poot uitsteken in het huishouden, stoffen zij de plintjes en krijgen nog een grote mond toe als ze klagen. Als een ouderwetse druiloor een kopje naar de keuken brengt, valt het hele gezin stil van vertedering, maar deze mannen krijgen nooit een vriendelijk woord.

Ze bejegenden vrouwen met het grootste respect, ze hadden nooit onuitgenodigd een erectie en ze voerden gesprekken over hun gevoelens, maar het leverde ze niet veel op. Het huishouden bleek zwaar werk en ook niet erg plezierig en zo heel veel beter was hun liefdesrelatie er ook niet op geworden. Een van hen was met een feministische vrouw getrouwd en had er een boek over geschreven. Hij had een analytische theorie bedacht over mannen die zich van hun moeder los proberen te maken of juist met haar willen versmelten, dat kon ik zo gauw niet volgen. Maar hoe dan ook, jarenlang had hij geprobeerd een nieuwe, androgyne mens te worden, maar zijn huwelijk was evengoed gestrand. 'Uiteindelijk,' zei hij gelaten, 'willen vrouwen toch liever een vent dan een watje.'

Je zag de ontgoocheling op zijn gezicht. Het ergste was, dat hij een zoon had, die ondanks zijn feministische opvoeding zijn vader had toegebeten, dat hij zichzelf meer man achtte dan hem. 'Want jij staat in de keuken met een theedoek. Ik niet,' zei het joch.

De mannen in het televisieprogramma durfden het niet te zeggen, maar ik weet zeker dat ze liever chauvinist waren gebleven. Daar krijg je geen complexen van en ook geen afwashanden.

Het is een wonder dat er nog mannen bestaan die iets doen in huis, want het lijkt wel of niemand van ze houdt. Klootzakken, die hebben het pas goed!

Ik ken er een die zijn vriendin heeft uitgenodigd bij hem te komen wonen in zijn huis. 'Wie doet nu het huishouden?' vroeg ik aan de vriendin. Het was even stil. 'Tja, ik toch voornamelijk,' zei ze weifelend. 'Hij helpt wel met afwassen hoor, als ik het vraag en ik denk dat hij ook wel zijn eigen overhemden zou strijken. Maar dat vraag ik hem nooit, want weet je, strijken, zeg nou zelf. Dat is toch niks voor mannen!'

Drank

Bijna alles wat ik kan, heb ik van een man geleerd. Timmeren, metselen, elektriciteit aanleggen, naar schilderijen kijken, naar muziek luisteren en zelfs schrijven, achter iedere vaardigheid zit een man die een beter mens van mij wilde maken. Ik kan maar twee dingen bedenken die ik niet heb hoeven leren: telefoneren en drinken. Dat kon ik al.

Ik herinner me dat mijn vader mijn grote zus van twaalf een glas wijn aanbood. 'Nee, dankje papa,' zei ze beleefd, 'ik drink niet.' Ik keek haar meewarig aan. Hoe kon ze zoiets weigeren? 'Ik wil wel!' zei ik tegen mijn vader, maar hij zette resoluut de fles weg: 'Jij krijgt niet. Jij lust het.'

Pas toen ik dertien was dronk ik voor het eerst alcohol, een groot limonadeglas vol witte Italiaanse landwijn, dat ik in mijn handen gedrukt kreeg van Giovanni. Hij was de baas van het benzinestation bij de camping aan het Comomeer, waar wij kampeerden, en hij had een oogje op mijn zuster. Alles stelde hij in het werk om indruk op haar te maken, maar zij was niet alleen in alcoholisch opzicht nuchter, ze moest hem niet. Toen wij na drie weken afscheid kwamen nemen van Giovanni, werd het een groot ceremonieel met beloften en een afscheidsdronk. Ik klokte de wijn gauw naar binnen, voor mijn vader iets kon zeggen en was meteen dronken.

Ik ben dol op drank, niet alleen op wijn, ik lust bijna

alles. Wodka, whiskey, bier en zelfs sherry vind ik een beetje lekker. Alleen schelvispekel en Jägermeister krijg ik niet weg. Maar misschien moet je die dingen leren drinken.

In cafés drink ik bier. Dat is meestal het lekkerst en het staat ook beter.

Geoefende cafégangers drinken bier, mannen drinken bier.

Zoals alle pas-geëmancipeerde bevolkingsgroepen, houd ik me streng aan de regels van de machthebbers. Lang geleden mochten vrouwen helemaal niet in cafés komen, alleen gevallen vrouwen waren in slecht aangeschreven zaken welkom. Later werden we gedoogd, aan de cafétafeltjes, niet aan de bar. Ik kwam vroeger veel in een oud café op de Amsterdamse Weteringschans, waar die regel nog min of meer gold. Als ik aan de bar bestelde, wees de kastelein een tafeltje aan: 'Ik breng uw consumptie dadelijk.'

Tegenwoordig mogen vrouwen in alle cafés, maar je kunt zien dat ze er nog niet aan gewend zijn. Er zijn er natuurlijk wel die zich zwierig gedragen, maar het gebeurt vaak dat vrouwen onwennig doen in cafés. Ze willen thee of alleen opbellen en eigenlijk waren ze binnengekomen om even te plassen.

Een poosje geleden had ik een afspraak in een café met de voorzitster van een forum. Toen ze binnenkwam zag ik het al: geen bar-type. Ze keek verontschuldigend rond alsof ze niet zeker wist of ze de aanwezigen een hand moest geven en toen ze haar jas uittrok, zocht ze een kapstok. 'Doe maar niet,' zei ik. De kastelein wierp een blik op haar en kwam achter de tap vandaan. Hier was een kelner nodig.

'Wat neem jij?' vroeg de voorzitster aarzelend.

'Bier,' zei ik ferm, want ik wilde benadrukken dat ik geen nieuwkomer ben. 'En u, mevrouw?' vroeg de kastelein geduldig. De voorzitster zoog nadenkend haar onderlip naar binnen. 'Wat zal ik eens nemen?' vroeg ze. Het werd koffie. En dan bestond ze het ook nog de kastelein te vragen of hij er een appelpunt bij had.

Ik heb eens samen met een vriendin een lijst opgesteld van drankjes die je niet moet bestellen in een café als je niet voor amateur uitgemaakt wilt worden. Zoete witte wijn, cream sherry en rode martini stonden op onze lijst, advocaat en tomatensap. En Bailey's. Alleen vrouwen die niet in een café thuishoren bestellen Bailey's en melden dan na twee slokken dat ze tipsy zijn. Tipsy. Als het zover met ze is, gaan ze hoog en hard lachen en flirten met mannen op wie ze eigenlijk neerkijken. Maar het ergste wat een vrouw kan doen is de ober vertwijfeld aankijken en vragen: 'Wat zal ik nu eens nemen?'

Ik probeerde nog te doen of ik er niet bij hoorde, maar mijn reputatie lag al aan scherven. 'Waar is je vriendin?' vroeg de kastelein de volgende keer dat ik in dat café een biertje kwam drinken en het heeft lang geduurd voor hij de faux pas vergeten was.

'Jij wil dat vrouwen zich als kerels gedragen,' zei een man beschuldigend, maar dat is niet waar. Een vrouw kan gerust een citroenjenever aan de bar bestellen, iets dat een man niet gauw zal drinken, en een bessen met ijs kan ook. Het gaat erom dat ze zich als een cafégast gedraagt, niet als een verdwaalde tearoombezoekster. Zo heel erg veel gevraagd is dat toch niet? We vinden het heel gewoon dat je in een restaurant moet weten hoe het hoort, bij de Italiaan bestel je ook geen tosti-kaas. Ik word treurig als ik met een vrouw uit ben die alleen iets wil drinken waar ze niet dik en niet dronken van wordt.

Ik begrijp ze natuurlijk wel, die vrouwen. Ik ben ook niet graag dronken in het openbaar en als je stoer met de jongens aan de toog mee wilt drinken, gaat het wel eens te hard. 'Ho, niet zo snel,' heb ik wel eens geprotesteerd. 'Een dronken vrouw is een engel in bed,' was het antwoord en hup, daar stond alweer een pilsje. Maar een dronken vrouw komt nooit in bed, tenminste niet in dat van iemand anders. Ze wankelt moederziel alleen naar haar woning, want niemand vindt haar begeerlijk.

Er zijn niet veel vrouwen die van drank en cafés houden, maar ze bestaan wel. Ik heb een vriendin die een sieraad is voor de horeca. 'Wat voor drank vind jij het lekkerst?' heb ik eens gevraagd. 'Als het maar veel is,' zei ze vriendelijk. Zij ziet eruit als een deftig dametje, maar ze komt uit een geslacht van befaamde stappers. Haar grootvader van moederszijde was geheelonthouder, maar haar beide ooms dronken stiekem jenever in theekopjes en hun zuster, haar moeder, giet nog steeds jenever in de witte wijn als ze in een restaurant zit. Anders krijgt ze het niet weg. Jammer genoeg zijn maar weinig vrouwen zo, de meeste kunnen er niks van.

Vrouwen mogen zich in een café geen houding weten te geven, mannen doen in restaurants vaak gek. Ze willen de wijn kiezen en gaan hem dan ernstig zitten keuren op iets waar ze geen verstand van hebben.

Ze denken dat het ritueel bedoeld is als een verkorte versie van een wijnproeverij. Met een ernstig gezicht houden ze hun glas schuin om te kijken hoe de wijn in het glas hangt en hoe de kleur is, dan walsen ze hem sierlijk rond, ruiken er aan en nemen een slokje in de mond.

Ze kantelen het hoofd naar voren en ademen in. Een zacht geslurp hoort daarbij. Naast de tafel staat de ober zijn lachen in te houden. Er is maar één reden om wijn te keuren: hij kan in de fles onwel geworden zijn. Dan smaakt hij naar kurk of hij is gemaderiseerd, wat ook een soort straatongeluk voor wijn schijnt te zijn. Een echte kenner neemt dus alleen een slokje, knikt kort en laat de ober de wijn inschenken.

Al deze wijsheid heb ik natuurlijk ook weer van iemand anders, een wijnkenner die zijn schouders ophaalt over alle flauwekul die om een glas wijn heen hangt. Proeverijen, vinologie, het is allemaal onzin, zegt hij. Een doorsnee huisvrouw kan net zo goed beoordelen of wijn lekker is als een geoefend proever, al kent ze het jargon niet. En niemand, zelfs de vinoloog niet, proeft het verschil tussen rode en witte wijn, als hij hem niet kan zien. Toen ik dat hoorde, geloofde ik mijn oren niet, maar het schijnt echt zo te zijn. Een deskundige vriendin beaamde het. En zij vertelde nog een verhaal, een waar gebeurde geschiedenis waar alle wijnkenners van op de hoogte zijn. Een beroemde restauranthouder hield een wijnproeverij voor al even befaamde vinologen. Uit balorigheid en misschien om een bijzonder cachet aan de bijeenkomst te geven, gaf hij een deel van zijn wijnen een speciale behandeling: hij zette een paar flessen in een emmer heet water, hij legde rode wijn in de diepvries, hij nam een paar flessen mee uit rijden over een hobbelige weg, allemaal dingen die in wijnkringen als majesteitsschennis gelden. Maar niemand die iets van zijn wandaden proefde, al had hij de grand cru nog zo krachtig door elkaar geschud, de chateau Zeldzaamheid nog zo oneerbiedig behandeld.

Sinds ik dit weet, doe ik nooit meer deftig over wijn. Ik drink alle kleuren zoals het uitkomt, ik proef nog alleen of ik de wijn lekker vind en ik knipoog naar de ober. Alleen in het café doe ik zoals het hoort. Ik leun met een arm op de tap en zeg: 'Doe mijn 'n pilsie. En geef die jongens ook wat.'

De zondagsvader

Af en toe stel ik een indringende vraag. Wat zijn de verworvenheden van het feminisme, vroeg ik me af. Er was niemand bij toen ik de vraag verzon, dus moest ik zelf een antwoord geven. De eerste dingen die in me opkwamen, waren mislukkingen, geen verworvenheden. Vrouwen krijgen nog steeds minder betaald dan mannen, ze worden maar zelden iets interessanters dan cheffin van een afdeling, ze krijgen kinderen en verliezen hun ambitie.

Ik probeerde het opnieuw. Mannen knijpen niet meer zomaar in iemands bil en als ze het wel doen, krijgen ze een boete van de rechter. Dat is ontegenzeggelijk een vooruitgang, maar ik zocht naar iets groters, een wezenlijke verworvenheid die de maatschappij heeft veranderd. Ik belde het feministische maandblad *Opzij*.

'*Opzij*,' zei *Opzij*, 'dat is een enorme verworvenheid. En dat vrouwelijke seksualiteit erkend wordt. En dat vrouwen toegang hebben tot alle opleidingen en beroepen.'

Ik luisterde en dacht na. Aletta Jacobs ging in 1870 al medicijnen studeren, dus dat is veeleer een verdienste van de eerste feministische golf. De vrouwelijke seksualiteit is inderdaad niet langer een bijwagentje, maar een belangrijk aspect van de omgang tussen de mensen. Ik denk alleen, dat we dat eerder aan de NVSH te danken hebben dan aan het feminisme, want als de fundamentalistische feministen het voor het zeggen hadden gekregen, hadden we helemaal geen seksualiteit meer.

Ik keek naar buiten. Daar liep een man met een kinderwagen en toen wist ik het ineens: vaders. Het feminisme heeft misschien maar weinig indruk weten te maken op het bastion van de manlijke overheersing, maar overal zie je tegenwoordig vaders. Die zag je vroeger niet, in ieder geval niet zonder vrouw.

Vorige zomervakantie struikelde ik zowat over de vaders die met hun kinderen aan het kamperen waren. Ze kookten zelf en deden de was in een plastic emmertje. Ze maakten een heel geroutineerde indruk, dus de ontwikkeling is kennelijk al een poosje aan de gang. En wonderlijk genoeg is het een internationale aangelegenheid. Ik zag niet alleen Nederlandse vaders, maar ook Engelse en zelfs een Duitser! Duitsers houden niet van kinderen, dat stond in de krant. Ze vinden kinderen slordig, ze maken rommel en lawaai, ze verspillen kostbare tijd en ze halen onvoldoendes op school.

Duitsers houden meer van honden, die kun je leren een welgemanierde hond te zijn. De Duitse vader die ik ontmoette was allerbeminnelijkst, wat een enorme zelfbeheersing moet hebben gekost, want zijn kinderen waren akelige jengelbakken, die ik met plezier een Duitse opvoeding had gegeven.

Of een Franse. Franse kinderen worden voortdurend verboden en vermaand. Franse vaders staan erom bekend dat ze uitsluitend snauwen tegen hun kinderen. Als een kind zijn mond opendoet om iets tegen papa te zeggen, heft de doorsnee Franse vader alvast zijn hand om een mep te verkopen. Maar ook zij leken veranderd.

In een restaurant zat een Franse vader met een dochter. Zij bouwde een hoge toren van wijnglazen en hij keek glimlachend toe. Zoiets had ik nog nooit gezien! Hier zat een kind iets te doen dat volstrekt verboden was en papa deed niks. Hij sloeg niet, hij schreeuwde niet, hij glimlachte. Glimlachen doen Franse mannen alleen als ze gratis kunnen parkeren, tegen kinderen lachen ze nooit.

Ik vind het verheugend dat mannen tegenwoordig zoveel bijdragen aan het ouderschap. Mijn eigen vader was in mijn jeugd zo'n ontoegankelijke vesting dat ik tot op de dag van vandaag probeer zijn goedkeuring te verdienen en de man is al tien jaar dood. Ik ben trouwens niet de enige, bijna alle vaders van mijn leeftijdgenoten hebben diepe kraters geslagen in het zelfvertrouwen van hun kinderen door nooit naar ze om te kijken. Daar heeft het feminisme nu verandering in gebracht, maar het verbazingwekkende is, dat ik juist in *Opzij* las, dat niet iedereen daar blij mee is.

'Een dweiltje halen als de kat gekotst heeft is er niet bij, maar ze willen wel bevallig met junior in het park paraderen,' schreef een teleurgestelde feministe. Ze heeft natuurlijk gelijk, maar ik vind het wel een aardig begin, zo'n vader met een buggy.

'Zondagsvaders!' meesmuilde een andere vrouw en ook zij had gelijk, je ziet ze vooral op zondag. Op werkdagen zijn ze manager, magazijnbediende, ambtenaar of stukadoor en op zaterdag moeten ze hun auto wassen, maar op zondag gaan ze met hun kinderen naar iets leuks. Dat is geen volledige opvoedkundige taak, maar al heel wat meer dan alleen de levering van het sperma en het inkomen. Het is ook veel gezelliger dan de wanhopige uitstapjes die gescheiden mannen met hun kinderen maken.

Een zondagsvader is nog niet helemaal geëmancipeerd, hij is een tussenvorm. Hij staat tussen de neanderthaler van de pater familias en de huisvader van de toekomst in. De een is ook beter gelukt dan de andere.

Maar ik begrijp wel waarom zondagsvaders ergernis wekken, ze vinden zichzelf zo nobel. Toewijding, plichtsgevoel en vooral deugdzaamheid staan op zijn gezicht te lezen als hij voorbij komt fietsen met zijn kind in het kinderzitje, op weg naar het museum. Zondagsvaders zijn onvermoeibare onderwijzers. In de trein hoor ik ze vaak twee coupés verderop aan het werk: 'Kijk, Peter, weet jij hoe die dieren daar in de wei heten?'

'Pinken,' zegt Peter braaf.

Als het antwoord goed is, kijkt de zondagsvader triomfantelijk in het rond. Hij wordt graag beloond voor zijn inspanningen. Vaders die kinderen in een tuigje op hun borst hebben hangen of op hun schouders in een kinderrek, allemaal gluren ze naar de toeschouwers, allemaal willen ze applaus. Daarom is het voor de kinderen ook een hele opgave, zo'n vader-zondag. In het park moeten ze vrolijk meedartelen met papa, in de dierentuin krijgen ze bij ieder hok de bijzonderheden van de diersoort te horen en moeten ze vragen beantwoorden waaruit blijkt dat ze de vorige keer goed hebben opgelet. Dat is nog eens een opvoeding!

De meeste kinderen doen wat er van ze verwacht wordt, maar heimelijk zijn ze een beetje bang van al die geloofsijver. Net zoals ze bij de moeder van een vriendinnetje ineens wél prei lusten, zijn ze als ze met hun vader op stap zijn op goed gedrag. Doodmoe worden ze ervan en als ze thuis zijn vallen ze met een plof voor de televisie en gaan weer gewoon doen. Ze zijn moe maar voldaan, constateert hun vader opgeruimd en gaat nog even naar het café. Zijn taak zit er weer op.

Praten

De strijd tussen de seksen begint al in hun hoofd, hun eigen hoofd wel te verstaan. In de hersenen loopt een kloof. Aan de ene kant van het ravijn zetelen de emoties en het ruimtelijk inzicht, aan de andere kant de ratio en het taalcentrum.

Mannen schijnen een sterker ontwikkelde rechterhersenhelft te hebben. Daar komt hun aanleg voor wiskunde en hun richtinggevoel vandaan, vrouwen hebben een dominante linkerhelft, ze kunnen beter praten. Tussen de hersenhelften zijn verbindingen, maar bij mannen zijn die niet zo goed. Een emotie, die in de rechterhelft ontspringt, vindt bij vrouwen gemakkelijk een uitweg in woorden, bij mannen niet. Daar komt veel narigheid van.

'Zeg toch eens wat!' roepen vrouwen tegen hun man, die met een broeierig gezicht uit het raam staart.

Hij kan het niet. Hij kan wel wat zeggen, maar dan gaat het over de auto, niet over zijn gevoelens. Dit klinkt natuurlijk als een verschrikkelijke generalisatie en dat is het ook. Er zijn heus wel mannen die praten, ze lullen je de oren van je kop en bij voorkeur over zichzelf, maar dat is niet waar de vrouw die van hen houdt het over wil hebben. Zij wil over de liefde praten, over hoe het gaat met de verhouding. Ze wil weten hoe hij over haar denkt. Maar hij denkt niet over haar, in ieder geval niet in woorden. Misschien vloeien er prachtige emoties door zijn rechterhelft, maar als zij hem vraagt waar hij aan denkt, zegt hij: aan mijn versnellingsbak.

Als je eenmaal weet dat het een kwestie van aanleg is, niet van onwil, kun je er rekening mee houden dat de meeste mannen hun gevoelens niet zo gemakkelijk onder woorden brengen, maar vrouwen geloven niet dat een man niet beter kan. Ze herinneren zich dat ene gesprek, misschien wel het mooiste dat ze ooit met hem hebben gevoerd. Dat was, toen ze het voor het eerst over hun liefde hadden, toen ze elkander bekenden dat ze van elkaar hielden.

'Wanneer wist je het voor het eerst?' vroeg zij.

'Toen ik je zag,' mompelde hij, 'je had kaplaarzen aan.'

'O mijn haar zat verschrikkelijk!'

'Je was zo mooi...'

'Ik dacht eerst nog, dat je mijn vriendin veel leuker vond.'

'Die geit! Hoe kom je erbij. Ik zou nooit op haar vallen, zij heeft niet wat jij hebt, dat...'

'Ja??'

Dat gesprek komt nooit terug. Na die kaplaarzen heeft hij nooit meer gezien wat ze aanheeft en over hoe zij verschilt van alle andere vrouwen heeft hij ook niks te melden.

Sommige vrouwen leggen zich daarbij neer en bespreken de verhouding voortaan met vriendinnen, maar er zijn er ook die zich niet zo gemakkelijk laten afschepen. Sonja bijvoorbeeld. Sonja heeft het niet eens zo slecht getroffen. Haar man is maatschappelijk werker, dus hij heeft geleerd over gevoelens te praten. Als hem iets dwars zit, kan hij dat zeggen en hij luistert ook naar haar. Maar

Sonja wil meer. Op ieder fietstochtje dat ze maken, bij iedere gelegenheid dat ze samen zijn, wil zij een relatiegesprek. Daar krijgt haar man een punthoofd van. 'We zijn acht jaar getrouwd, verdomme. Dan ga je toch niet op de bank zitten praten alsof je elkaar pas kent!'

Maar Sonja vindt dat het wel moet, zij ziet het als het behoud van de liefde. 'We moeten praten,' zegt zij, 'over ons.'

Af en toe laat haar man zo'n gesprek over zich heen komen. Over ons blijkt dan vooral over hem te gaan, over zijn tekortkomingen. Hij toont niet genoeg belangstelling voor haar werk of haar vriendschappen, hij houdt geen rekening met haar cyclus of hij praat niet genoeg.

'Hij praat niet genoeg!' heb ik haar eens verweten, 'weet je wel hoe zeldzaam toegankelijk die man van jou is? Je zou eens een poosje bij Kees moeten gaan logeren, dan kom je op je knieën teruggekropen, uit pure dankbaarheid dat jij niet in de schoenen van die vrouw van hem staat.'

Nu is het eigenlijk zo, dat ik vooral Kees z'n schoenen niet benijd, want die vrouw van hem is iets verschrikkelijks.

Zij kwebbelt de hele dag over niets in het bijzonder en ze verwijt Kees zijn zwijgzaamheid. Kees zegt niks. Hij is meer een doe-mens. Hij is deskundig op het gebied van motoren. Uit het hele land komen mensen naar hem toe om zijn advies in te winnen over aggregaten, machines en landbouwwerktuigen. Hoe zo'n man verliefd heeft kunnen worden op een vrouw als Martine is mij een raadsel, maar hij woont al een jaar of vijf met haar samen, dus er zal wel een reden zijn.

Martine maakt iedere dag ruzie met Kees omdat hij

niet voldoet aan haar droombeeld. Zij had een sterke, rustige man willen hebben en die heeft ze inderdaad, maar die sterke rustige man van haar dromen gaat gezellig met haar mee winkelen en op visite bij de buren. Dat doet Kees niet. Als hij meegesleept wordt naar een verjaardag, zit hij op een blocnootje berekeningen te maken van ampères of zoiets en als iemand het woord tot hem richt, zegt hij grmmpf.

'Waarom zou je almaar moeten praten?' zegt Kees, 'als ik iets te zeggen heb, doe ik het wel.'

'Ik wil samen gelukkig zijn!' huilt Martine. Omdat Kees veel van haar houdt, doet hij twee dagen zijn best om samen gelukkig te zijn, maar dan gaat hij toch maar liever weer een motor uit elkaar halen.

Ik had vroeger ook een Kees. Ik was op hem gevallen omdat hij de eerste keer dat we met elkaar naar bed gingen even had gehuild. Ik verkeerde in de veronderstelling dat hij er een prachtig gevoelsleven op na hield en misschien was dat ook wel zo, maar daar merkte ik verder niks van. Hij zei nooit wat. Er gingen dagen voorbij dat we niet met elkaar spraken, want van al dat 'ja' 'nee' en 'weet niet' raakte ik ook geblokkeerd. Zolang we alleen waren vond ik het niet zo erg. Het was misschien een beetje ongezellig, maar dat wende. Alleen als er mensen bij waren, geneerde ik me. In de voorkamer zat ik op de bank met de visite en in de achterkamer zat hij, een emotionele sta-in-de-weg. Het leek net of ik een demente opa in huis had: doe maar net of hij er niet is. Toen wij uit elkaar gingen, nam ik mij voor nooit meer een zwijgzame man te kiezen en dat is tot op zekere hoogte gelukt.

Mijn huidige verloofde is bepaald geen kletskous, maar hij is ook niet al te oorverdovend stil. En relatiegesprekken hoeft hij van mij niet te voeren. Als ik iets wil weten over zijn innerlijk, kijk ik naar wat hij doet.

Doordat ik veel met paarden omga, heb ik geleerd op signalen te letten. Een paard dat zich ergert, legt zijn oren in zijn nek. Mijn verloofde gaat in zo'n geval strak voor zich uit kijken. Als een paard je vriendelijk gezind is, wrijft hij met zijn neus tegen je aan, een man doet iets vergelijkbaars. Soms kijk ik naar mijn verloofde terwijl hij bezig is met zijn werk. Braaf zo! denk ik dan, maar dat zeg ik niet hardop. Dat kan hij geestelijk niet verwerken.

Enquête

Ik sloeg een tijdschrift open en ja hoor, daar stond er weer een: een seks-enquête. Die zie je tegenwoordig overal. In weekbladen en glimtijdschriften worden vragen gesteld over seksualiteit en een paar weken later publiceren ze de uitslag. In het begin las ik ze gretig. Ik ben altijd erg nieuwsgierig naar het liefdeleven van andere mensen, maar het lijkt wel of alle tijdschriftenlezers hetzelfde meemaken. Ze komen allemaal 1, 4 keer in de week klaar. Ze willen vaker met hun partner naar bed of andersom, de vrouwen zoeken tederheid, de mannen zouden graag wat meer initiatief zien, vooral wat betreft de mondelinge diensten. Als aan vrouwen gevraagd wordt wat ze belangrijker vinden, lust of intimiteit, kiezen ze het laatste en iedereen wil humor in bed. Gapend worstel ik me door de antwoorden heen. Is er nou nooit eens een enquête waar iets in staat dat we willen weten?

Het komt natuurlijk doordat mensen die tijdschriften kopen veel op elkaar lijken. Er bestaat zelfs zoiets als een lezersprofiel en die profielen verschillen onderling al net zo weinig als de tijdschriften zelf.

Er zijn wel bladen die anders zijn, de roddelbladen bijvoorbeeld, maar daarin lees je nooit een seks-enquête. Dat is jammer. Van mensen die belangstelling hebben voor de liefdesbaby van een televisieomroeper of de tranen van een ster, zou ik graag weten wat ze in bed zoal doen.

Van al die zevenentwintigjarige, goed opgeleide tijdschriftlezers weet ik het al.

Die staan te trappelen om het te vertellen. Iedere week staan in de vragenrubriek mededelingen over hun liefdeleven: Mijn vriend en ik kunnen erg goed met elkaar overweg in bed, maar nu heeft hij gezegd dat hij wil experimenteren met bondage. Moet ik dat accepteren?

De mensen van wie ik graag zou weten waar ze van dromen en wat daarvan terechtkomt, zwijgen erover. Niemand vraagt ze ooit wat. Van de huidige minister van Onderwijs zou ik bijvoorbeeld graag weten waar hij van geniet en van de vorige ook. Die keek zo sip.

En van de sokkenkoopman van vijf paar sokken voor een tientje wil ik weten of er iemand van hem houdt en laatst in Veldhoven had ik bijna een intieme vraag aan een oude dame gesteld. 'Kwam u nou van de coïtus klaar?' had ik willen vragen, want in haar bloeitijd bestond nog geen speciale aandacht voor het vrouwelijk orgasme. Als een vrouw toen niet spontaan genoot, werd ze frigide genoemd of een net meisje, maar niemand hielp haar de brug over.

Van jonge vrouwen hoef ik dat soort dingen niet te weten. Die hebben een vibrator of een reserveminnaar als er iets seksueels aan hun relatie schort.

Aan hen zou ik iets heel anders willen vragen: hoe lang duurt seks eigenlijk? In vragenrubrieken staat soms een terloops zinnetje: Mijn vriend en ik kunnen urenlang vrijen, maar... en dan volgt het probleem. Urenlang vrijen, denk ik dan, wat doen die mensen in godsnaam? Waar zijn ze al die uren mee bezig?

Ik kan me voorstellen dat je, wanneer je elkaar nog maar net kent, heel vaak een seksuele aandrang voelt en niet van elkaar af kunt blijven. Maar het gaat in problemenrubrieken meestal niet om nieuwe liefde, het zijn mensen die al lang met elkaar omgaan. Ik begrijp niet waar ze die uren mee vullen. Ik geloof ze ook niet. Hoe langer twee mensen elkaar kennen en met elkaar naar bed gaan, hoe vaardiger ze worden in het opwekken van plezier. Ze weten precies welke gebiedsdelen van het lichaam van hun liefdespartner gevoelig zijn en welke ze net zo goed over kunnen slaan. Dat scheelt enorm in tijd.

Ik kan het soms niet laten en kijk op de klok als ik met mijn minnaar naar bed ga, en al flatteer ik de tijdsduur zo hard ik kan: seks duurt geen uren. Geen uur ook. Zelfs niet op zondag. En door de week is het twaalf minuten.

Ik vind dat trouwens lang genoeg. Ik heb in het verleden een minnaar gehad die van geen ophouden wist. Ik weet niet of seks met hem uren duurde, maar zo voelde het wel. In het begin van onze romance vond ik al die hartstocht vleiend, maar al gauw kreeg ik er genoeg van. Daar gaat mijn avond, dacht ik als hij me aankeek met die blik in zijn ogen.

Ik zou heel graag van andere mensen willen weten hoe lang zij met elkaar vrijen, maar dat lees je nooit in een seks-enquête. Daar staat alleen in hoe vaak ze het doen: twee keer in de week en daar geloof ik ook niks van.

Het eerste jaar van de romance telt niet, dan kom je je bed nauwelijks uit.

Maar in een beproefde relatie, die al een paar jaar duurt, kom je niet aan een gemiddelde van twee keer per week, vooral niet als er kinderen zijn of een avondstudie of een televisie die veel aanstaat.

In de meeste huisgezinnen is het veel te druk om eens rustig te vrijen.

's Avonds ben je blij dat je mag gaan slapen, 's ochtends is er geen tijd en de week is zo om. Het zal heus wel gebeuren dat mensen die veel van elkaar houden drie achtereenvolgende nachten met elkaar naar bed gaan, maar niet iedere week. Er is geen tijd of geen animo en dat drukt het gemiddelde.

De koude kant

Mijn leeftijdgenoten hebben inmiddels grote kinderen. 'Kleine kinderen, kleine zorgen; grote kinderen, grote zorgen,' zeggen de moeders. Ik dacht altijd dat ze bedoelden dat de problemen die een kleuter heeft gemakkelijker op te lossen zijn dan die van een tiener, maar nee. Het zijn de ouders die gebukt gaan en waar ze zoveel zorgen om hebben is, dat kinderen graag een eigen leven willen leiden. Zolang ze klein zijn houden ze nog rekening met hun ouders, maar die tijd gaat snel voorbij. Ik kom af en toe op bezoek bij een gezin met twee opgroeiende dochters. Het ene meisje leidt een rustig bestaan maar de jongste heeft steeds bevliegingen. Ik ken haar vanaf haar negende jaar. Toen was ze een elfje met een bril op, dat graag thee inschonk voor de visite. Op haar veertiende zette de verandering in. Ze nam contactlenzen en een voorgevormde beha en op een dag kwam ze triomfantelijk met een griezel aanzetten: 'Kijk eens, mam, dit is Jacques.'

Het tijdperk van de grote zorgen was aangebroken.

Jacques zat op de LTS en op zaterdag werkte hij in een snackbar. De ouders van het meisje waren ontdaan. Niet alleen omwille van de klassieke vorming hadden ze hun dochter naar het gymnasium gestuurd. Maar ze konden niets van de verkering zeggen, want alle mensen zijn gelijkwaardig en je mag op niemand neerkijken, ze hebben het haar allemaal zelf geleerd. Jacques was ook geen onaardige jongen, maar hun dochter werd zo onuitstaanbaar. Nergens had het kind meer zin in. Voordat ze die jongen had, hockeyde ze of ging ze iets Leuks doen met vriendinnen. Nu hing ze op de bank, met Jacques, die ook nog belijdend katholiek bleek te zijn. Iedere zondag ging hij naar de kerk en zijn nieuwe vriendin moest vanzelfsprekend mee.

'Je wordt gehersenspoeld!' jammerde de moeder van het meisje.

'De katholieken beheersen de hele economie,' schreeuwde haar vader, 'je wordt ingelijfd bij een allerakeligst legioen.'

De dochter maakte haar ouders uit voor hysterische idioten, die in hun eentje de Tachtigjarige Oorlog wilden overdoen. Mocht ze alsjeblieft zelf uitmaken wat ze met haar geestelijk leven wilde doen?

Na een poosje begon ze bij haar ouders thuis ook te bidden voor het eten en ze ging op catechismusles. Haar vader kreeg bijna een toeval toen hij dat hoorde.

'Basta!' riep hij, 'de maat is vol!' Maar nooit was het vaderlijk gezag zo broos. De dochter liet zich inschrijven in de katholieke Kerk.

'Straks komt er een pastoor aan de deur om zieltjes te winnen, straks is ze zwanger,' huilde de moeder, 'voor haar twintigste verjaardag is haar jeugd naar de filistijnen.' Ze zweeg, geschrokken van die bijbelse uitdrukking.

Maar het viel mee. Na anderhalf jaar ging de verkering uit en doofde het religieuze vuur met dat van de liefde.

Vaders en moeders nemen de eerste romance van hun kinderen veel te serieus. Het gebeurt maar zelden dat een achttienjarige trouwt met de eerste verloofde die zich aandient. Zelf denken ze natuurlijk dat hun liefde eeuwig zal duren; wat dat betreft verschillen ze in geen enkel opzicht van volwassenen die verliefd raken. Niemand zegt dat het maar voor een maand of wat is, ook al leert de ervaring dat het zelden de dood is die gelieven scheidt.

'Ik heb nog nooit zoveel van iemand gehouden,' bekent de zoon van zeventien aan zijn moeder. Op dat moment zou zij hem vriendelijk toe moeten knikken en hem eraan herinneren dat hij zijn gymbroek nog in de wasmand moet gooien, maar dat doet ze niet. Ze fronst haar wenkbrauwen en zegt: 'Je moet niet zo hard van stapel lopen.' 's Avonds schrijft de zoon een gloeiend gedicht waaruit blijkt dat de mens eenzaam is en niemand hem begrijpt.

Ik moet altijd lachen als ik de zorgelijke verhalen hoor van ouders die een fraaie toekomst voor hun kinderen hadden bedacht en hen tot hun afgrijzen al in hun tienertijd in een theemuts zien veranderen.

'Jij hebt gemakkelijk praten,' zeggen mijn vrienden, 'jij hebt geen kinderen.' En dat is waar, het moet iets heel ergs zijn als er zo'n loodzwaar tienerhuwelijk in je huiskamer zit.

Ik ken een vrouw die een zoon van negentien heeft. Tot voor kort was hij een vrolijke scholier die basketbal speelde en naar de disco ging. Nu heeft hij een vriendin van eenentwintig, die al bijna klaar is met haar opleiding voor mondhygiëniste. Als de zoon gaat basketballen, gaat zij mee en zit aan de zijlijn naar hem te kijken als een moeder die haar kleuter zandtaartjes ziet bakken. Naar de disco gaan ze niet meer, wat hebben ze daar nog te zoeken? Ze gaan helemaal nergens heen, want ze hebben genoeg aan elkaar.

De moeder van de jongen kan het meisje wel wurgen, want ze vindt dat die meid haar zoon uit het paradijs van zijn jeugd heeft verdreven. 'Hij had toch ook een leuk meisje van zestien kunnen nemen, een jong ding met wie hij samen van alles kan ontdekken. Deze meid is een volwassen vrouw. Ze wil kinderen!'

Dat willen wel meer vrouwen, had ik bijna gezegd, maar het is waar: negentien is erg jong, terwijl eenentwintig – tweeëntwintig tegen de tijd dat het kind geboren zou worden – niet eens zo uitzonderlijk is voor het moederschap. En dat meisje schijnt nogal vastbesloten te zijn. Af en toe legt ze een hand op haar buik, slaat haar ogen ten hemel en zegt: 'Hé, ik voel de baby schoppen!' Dat doet ze voor de grap, maar de moeder van haar verloofde krimpt in elkaar bij dergelijke grapjes. En dan komt er nog bij, dat de zoon is gezakt voor zijn eindexamen. 'Door háár,' zegt zijn moeder. Zij haat het meisje met een schoonmoederlijke verbetenheid die je normaal gesproken alleen in moppen tegenkomt. 'Alles is groot aan haar,' grauwt ze, 'een dikke kont, een gemoed als een vrouw van middelbare leeftijd en dan draagt ze ook nog van die wijde kleren. Ze is zo lelijk als de nacht.'

Daar schijnt die zoon anders over te denken. Volgend jaar studeert het meisje af en dan gaan ze samenwonen. 'Dan ga ik voor je zorgen,' heeft ze al aangekondigd.

Misschien geven de ouders het verkeerde voorbeeld. Zolang je kinderen opvoedt, heb je geen tijd voor wereldreizen en een avontuurlijke levenswandel. Het gezinsleven brengt regelmaat met zich mee en een dwingende tijdsindeling. Je kunt in Frankrijk wel hebben ontdekt hoe romantisch het is om laat aan tafel te gaan, maar als de judoles van junior om zeven uur begint, moet het hele gezin om zes uur eten. Pubers protesteren tegen de burgerlijkheid van hun ouders, tot ze verliefd worden. Dan veranderen ze zelf in een peper- en zoutstel. Een moeder, met alweer een negentienjarige zoon die verkering heeft, vertelde dat dit aanstaande echtpaar iedere dag bij haar thuis op de bank zit te niksen. 'Waarom gaan jullie er niet fijn op uit,' heeft de moeder gezegd, maar dat willen ze niet, want dat kost geld en ze willen sparen. Voor hun uitzet. Ze kennen elkaar drie maanden.

'Schop ze de deur uit,' zei ik tegen de moeder, maar dat durft ze niet. Je weet maar nooit of het aan blíjft en zij zou de enige oma niet zijn die de kleinkinderen niet mag zien omdat ze in de eerste weken van de verkering heeft gezegd dat ze zich niet zo aan elkaar moeten binden.

Als een liefdespaar een poosje samen is, wordt er een keus gemaakt, welke ouders de hoofdrol krijgen. Die gaan later Oma en Opa heten, het andere ouderpaar heet maar al te vaak naar hun woonplaats: oma en opa Apeldoorn.

Daarom sluipen vaders en moeders om dat saaie aanstaande echtpaar heen en accepteren ze krokodillen van schoondochters, tirannieke zakken in de dop als nieuwe zoons. Maar als ze onder elkaar zijn, nemen ze een beetje wraak. Ze noemen die ongewenste familieuitbreiding steevast: de koude kant.

Als de koude kant er niet bij is, worden ze besproken. De schoonzoon is een beste jongen, maar hij heeft het buskruit niet uitgevonden, de schoondochter is een haai, precies haar moeder, daar gaat onze Herman nog wel achter komen.

De koude kant deugt niet, zoveel is duidelijk, maar er

zijn uitzonderingen. Ik zelf bijvoorbeeld. Met de moeder van mijn eerste verloofde kon ik het erg goed vinden, beter dan met haar zoon. Die was in de jaren dat ik met hem omging steeds meer ruwe bolster gaan ontwikkelen. Toen ik hem verliet, hielden zijn moeder en ik contact. Zij was het ook, die me inlichtte toen hij een nieuwe vriendin mee naar huis had genomen.

'En?' vroeg ik benieuwd.

'Het is wel een aardig meisje,' zei mijn ex-schoonmoeder aarzelend, 'ze ziet er leuk uit en ze is vriendelijk.'

'Ja...' drong ik aan.

'Ach,' zuchtte ze, 'misschien oordeel ik te snel, maar eerlijk gezegd vind ik haar niet erg snugger. Er zit niet veel bij, als je begrijpt wat ik bedoel.'

Ik begreep het en met een tevreden glimlach hing ik op.

Lesbisch

Ik heb Boogie nog gekend, de hond van Pia Beck. Zij woonde in 1955 bij ons. In mijn herinnering duurde die logeerpartij wel een jaar, maar mijn moeder zegt dat het maar een paar weken was.

Zij was dol op Pia Beck, vanwege haar muziek, maar vermoedelijk ook om haar homoseksualiteit. Mijn moeder houdt van mensen die op een bijzondere manier in het leven staan. Ik ook.

Toen ik zeventien was, besloot ik lesbisch te worden. Met de mannen werd het toch niks, ik werd steeds verliefd op jongens die geen enkele notitie van mij namen en het leek me wel interessant, lesbisch. Omdat mijn beste vriendin geen zin had om mee te doen en er geen meisje in mijn omgeving was dat verlangen in mij opwekte, werd ik verliefd op Juliette Greco en ook een beetje op Liesbeth List. Die had hetzelfde ponyhaar.

De eerste keer dat ik met een vrouw naar bed ging is geen prettige herinnering. Zij was dronken en het maakte haar niet veel uit wie ze veroverde. Ik was nieuwsgierig en ging met haar mee. Hoewel het een curieuze gewaarwording was een vrouwenlichaam aan te raken, voelde ik geen begeerte. Dat kwam natuurlijk ook doordat ik haar niet aardig vond, maar ook later, met vrouwen die ik juist graag mocht, ontbrandde er geen hartstocht. Ik ga kennelijk liever met een luilebol naar bed.

Ik ben overwegend heteroseksueel en dat vind ik achteraf toch wel plezierig. De wereld van de vrouwelijke homoseksualiteit is nogal vreugdeloos. Vrijblijvend met iemand zoenen of vrijen kan niet zomaar. Voor je het weet, is het áán en moet je mee naar de wasserette.

Mannen nemen seksualiteit in het algemeen al wat lichter op dan vrouwen en in een verhouding tussen twee mensen van hetzelfde geslacht wordt dat verschil extra scherp. Voor de ongeneeslijke geslachtsziekten hun schaduw over de onderlinge liefde van mannen hadden geworpen, was het niet uitzonderlijk als een homoseksuele man die een avond op stap ging, onmiddellijk iemand tegenkwam die ook zin had om samen klaar te komen. Dat komt in heteroseksuele kringen niet veel voor en onder lesbiennes misschien wel helemaal niet.

Ik was op een avond op zoek naar een vriendin voor een nacht. In een café waar uitsluitend lesbische vrouwen komen, ging ik aan de bar staan en keek om me heen. De meeste vrouwen waren met z'n tweeën gekomen. De enige vrouw die alleen was, keek zelf ook wervend om zich heen en vond mij duidelijk niet *femme* genoeg. Ik haar ook niet, ze had een pet op en stond wijdbeens pils te hijsen.

Het café bestond uit twee etages en terwijl ik me van de pet afkeerde, zag ik een prachtige vrouw het trapje afdalen. Ze droeg een colbert met daaronder een kanten blouse waar je doorheen kon kijken. 'Ben je jarig?' vroeg ik. Het was een toevalstreffer.

'Ja,' zei ze met een koket lachje, 'kom je straks boven wat drinken?'

Ik draaide me om naar de pet, stak mijn tong uit en liep achter het mooie meisje aan naar boven. Daar zat een heel gezelschap. Van kantoor, vertelde de jarige. Ik bleef een poosje zitten en luisterde naar de gesprekken, maar die gingen vooral veel over het kantoor en de erotische spanning verdween.

Ik verliet het café en ging naar een bar waar het volgens een lesbische vriendin geregeld wild aan toe ging. Het was vroeg op de avond, er waren nog niet veel vrouwen en er werd nauwelijks gedanst op het kleine dansvloertje naast de bar. Ik bestelde een glas bier. Naast me zat een vrouw van een jaar of dertig op een barkruk. Ze lachte naar me en vroeg een vuurtje. Even later was ik met haar in gesprek, maar met de beste wil van de wereld was er geen erotische wending aan te geven. Ze had het over een reinigingskuur die ze volgde en over yoga-oefeningen.

'Weet je zeker, dat je daar shag bij mag roken?' vroeg ik.

Ze lachte verlegen en zei dat ze het roken nu eenmaal niet kon laten en nodigde me uit om te dansen. Op de dansvloer sloot ze haar ogen en wiegde geheel in zichzelf verzonken op de maat van de muziek. Ik sloop zachtjes weg.

'Wordt er nooit hard versierd onder lesbiennes?' vroeg ik aan een lesbienne.

'Natuurlijk wel,' zei zij, maar zelf had ze het nooit meegemaakt en ze kende ook niemand die het wel was overkomen. Flirten kunnen vrouwen als de beste, maar tot een onverbloemde lichamelijke toenadering komen ze niet snel. Ik heb één vrouw gekend die de reputatie van een Sappho had. Lily heette ze. Ze was licht ontvlambaar en viel van de ene liefde in de andere. Een spoor van scherven liet ze achter zich, want niet alleen hadden de vrouwen die ze in haar armen sloot meer van de romance verwacht, ze hadden er vaak een verkering van jaren voor opzij geschoven. Er werd veel over Lily gepraat. Eindeloze gesprekken heb ik gehoord over de jaloezie die ze ontketende. Als Lily zich aan een leuke meid vergrepen had, was die naderhand nog maanden bezig verantwoording af te leggen voor de verbroken trouw.

In de lesbische liefde wordt veel gepraat. Een vriendin van mij heeft vijf jaar verkering gehad met een vrouw en al die tijd raakten ze niet uitgepraat over de tekortkomingen van de relatie. De een gaf te weinig aandacht, de ander had een subtiele wenk niet opgemerkt, er waren nog oude gevoelens uit vorige verhoudingen die een vitale rol speelden in de huidige en alles, alles moest besproken.

Misschien ben ik daarom blij dat ik niet geschikt ben voor een lesbische levensloop. Verhoudingen tussen vrouwen willen nog wel eens ernstig van toonzetting zijn en de emotionele band belangrijker dan de seksuele. Ik ken nogal wat vrouwen die alleen hoogst zelden met elkaar naar bed gaan. Maar als een van de twee vreemdgaat, is Leiden in last en zijn ze nog drie jaar bezig met de nabespreking.

Met de meeste mannen hoef je daar niet bang voor te zijn, integendeel. Die gaan zelf vreemd en ze praten niks uit, als ze er onderuit kunnen komen.

Waren mannen maar een heel klein beetje lesbisch.

Kees de Jongen

Ik heb Proust nooit uitgelezen. Ik was erin begonnen, maar al heel gauw stuitte ik op de passage waarin Proust een madeleinekoekje eet en zijn hele verleden voor zich ziet oprijzen. In literaire gesprekken waar Proust in voorkomt, wordt altijd over die madeleine gemeierd, net of de rest van het boek nooit geschreven is, dus als het erom gaat mee te kunnen praten was ik klaar met de temps perdu. De rest lees ik later, nam ik me voor. Er zijn meer meesterwerken waarvan je maar één regel hoeft te onthouden of één woord. *'L'enfer, c'est les Autres!'* en je kunt Sartre in de kast laten staan.

Met sommige boeken gaat het heel anders. Ze worden niet alleen gespeld, ze worden nagespeeld. *Kees de jongen* van Theo Thijssen heeft duizenden volgelingen. Het boek verdient natuurlijk niet minder, maar de rolbezetting van de moderne Kees de Jongens is niet goed, ze zijn te oud: een jaar of veertig in plaats van tien en ik heb altijd ruzie met ze.

Met de meeste mannen kan ik goed opschieten. Als ze vastgesteld hebben dat ik het niet op hun bestaansrecht heb voorzien of op politieke gronden tegen seksuele omgang ben, kunnen we het best met elkaar vinden. Ik zou niet iedere man voor eigen gebruik willen, maar dat zal wel wederzijds zijn.

Er is maar één soort man met wie ik niet overweg kan en dat is zo'n Kees de Jongen.

Kees de Jongen leeft in een eigen wereld, waar uitsluitend andere jongens wonen. Ze hebben het druk met elkaar, want er is een grote competitie. Als ze jong zijn gaat het om simpele dingen: wie wint er met voetballen, drinken en wakker blijven. Later, als ze ouder worden en niet zelf meer uitblinken op het sportveld, wedijveren ze om iets anders: interessante bezigheden, verstand van zaken.

'Jij hebt toch een bootje?' vraagt de ene Kees de Jongen aan de andere.

'Een bootje? Drie bootjes zul je bedoelen.'

'Motorboten?' vraagt de eerste man voorzichtig. Hij heeft geen bal verstand van boten, dus weet hij niet hoe hij de vraag precies moet stellen. Maar hij heeft het goed gedaan want de boten-Kees knikt verheugd en begint uit te leggen dat hij sleepboten heeft, kleine slepertjes met oude motoren erin uit 1910. Even later zijn ze in een geanimeerd gesprek gewikkeld.

Ik zit ernaast. Ik heb ook geen verstand van boten, maar ook al had ik het, dan was het onmogelijk deel te nemen aan de conversatie want dat mag niet van de Kees de Jongens. 'We zijn even met een mannengesprek bezig,' zegt de ene en kijkt me bestraffend aan. Hij is kennelijk van de ene minuut op de andere tot botenkenner bevorderd.

Vroeger werd ik soms verliefd op een Kees de Jongen. Ze waren onbereikbaar en daarom verrukkelijk en ik fantaseerde over de triomf van de verovering van zo'n jongenshart. Als een eenhoorn zou hij zijn overwonnen hoofd in mijn schoot leggen en bekennen dat hij al heel lang van mij hield. Maar Kees de Jongen is niet zo. Hij houdt niet erg van vrouwen. Vrouwen zijn niet leuk, vrouwen kunnen niet biljarten, niet over voetbal bazelen, niet drinken en niet schateren en zeker niet om de grappen die Kees de Jongens leuk vinden. Daarom trekken ze liever met elkaar op. Ze sporten samen of praten over sport, ze scheppen op of doen goedmoedig of ze elkanders opschepperijen geloven en als ze een dolle bui hebben, gaan ze samen een meid versieren. Dat doen ze om elkaar te vermaken, het is geen moment de bedoeling dat het meisje dat door een duet Kees de Jongens wordt benaderd zich verbeeldt, dat ze haar leuk vinden.

Een vrouw die in een gezelschap van Kees de Jongens verzeild raakt, voelt zich oplossen in een nevel. Ze bestaat niet. Niemand richt het woord tot haar, als ze zelf iets wil zeggen, moet ze schreeuwen om gehoord te worden en het antwoord is maar al te vaak een bevreemd schouderophalen, waarna de Kees de Jongens weer verder gaan met hun eigen gesprek.

'Ben ik dom?' vraagt de vrouw zich af, 'doe ik iets verkeerd?' En uit onbehaaglijkheid gaat ze aan één stuk door filtersigaretten roken, om zich een houding te geven.

Het beste dat een vrouw kan doen als ze een Kees de Jongen op haar pad treft, is maken dat ze wegkomt. Dat kost de minste tijd. Maar vrouwen zijn onverstandig, ze denken dat hij wel verandert als hij eenmaal in haar armen ligt, ze denken dat ze geëmancipeerd genoeg zijn om hem lik op stuk te geven. Misschien leert ze zelfs biljarten of meeschateren, maar het is allemaal vergeefse moeite.

Ik ken een vrouw die met een Kees de Jongen getrouwd

is. Hij werkt op een reclamebureau waar hij een schitterende carrière maakt. Thuis zit zijn vrouw met de twee kinderen te wachten met het eten.

Zij begrijpt best dat hij niet altijd precies om zes uur thuis kan zijn, maar waarom belt hij niet even op? Het antwoord is, dat hij daar niet aan denkt. Hij staat in een café een conference voor twee heren op te voeren of hij is met een klant aan het overleggen, in ieder geval is hij allang vergeten dat hij een gezin heeft. Zijn vrouw foetert op hem, alles komt op haar neer, het huishouden, de kinderen, alle verantwoordelijkheid. Zij heeft toch ook een part-time-baan? Af en toe geeft hij haar gelijk, dan koopt hij een bos bloemen voor haar en een liter ijs voor de kinderen en komt hij een week lang thuis eten, maar de brave bui duurt niet lang. Op een vrijdagmiddag is er een borrel op kantoor, die uitloopt en als hij om een uur of zes 's ochtends in zwembadpas de trap op komt vallen, is zijn vrouw woedend. Waar heeft hij verdomme gezeten, bij een of andere slet misschien? Maar dat is beslist niet het geval, een Kees de Jongen gaat heus niet een hele nacht met een meid liggen kroelen, daar heeft hij niet langer dan een uurtje voor nodig. Hij heeft bij een vriend naar de snookerkampioenschappen op de Engelse televisie gekeken.

Het heeft geen zin dat zijn vrouw zich zo opwindt, ze had kunnen weten hoe haar leven zou zijn toen ze met hem trouwde. Toen vond ze dat jongensachtige in hem immers zo leuk? Hij is niet veranderd. Ze kan er maar beter aan wennen dat ze drie kinderen heeft. Eén wordt nooit volwassen.

Vreemd

Als Leonie mij uitnodigt mee naar Antwerpen te gaan, hoef ik geen tas in te pakken. We gaan niet echt. Zij gaat, met haar geheime minnaar. Ze is getrouwd met een man als de stoptrein naar Alkmaar: betrouwbaar, bedaard en niet erg opwindend. Leonie wil meer. Op het kantoor waar ze werkt kwam op een dag een nieuwe man in de buitendienst, een vlotte sportieve, en Leonie verloor meteen haar hart.

'Je lijkt wel gek,' zei ik, 'zoiets moet je nooit op kantoor beginnen.'

'Waarom niet?' vroeg Leonie, 'iedereen doet het.'

En dat was precies haar probleem. Als Leonie en haar minnaar stiekem naar de archiefkast slopen om even te knoeien, stonden daar al mensen met een rood hoofd en hun kleren los. Het pand waar het kantoor is gevestigd is een oud herenhuis met diepe kasten, een donker souterrain en een zolder en al die plekken waren voortdurend bezet.

'Waar moeten we heen met onze gevoelens?' klaagde Leonie.

'Ga naar Antwerpen,' stelde ik voor, want ik weet dat ze daar beter zijn toegerust voor clandestiene liefdesparen. In België heeft iedereen een schaduwrelatie, heeft een deskundige mij eens verteld. Tussen de middag en na het werk ontmoeten Belgen hun geliefde in een van de talloze rendezvous-hotels en geen haan die er naar kraait, want Belgen zijn traditioneel uithuizig. Na de boodschappen gaan vrouwen een biertje drinken, ook als ze drieënzeventig zijn, vrienden ontmoeten elkaar in een café, na het werk gaan ze niet naar huis maar naar de kastelein.

In Nederland zou zoiets onmogelijk zijn. Je gaat naar je werk en om vijf uur naar huis. Als er iets bijzonders is, bel je op: 'Ik kom iets later, schat.' Vandaar al die laffe smoezen over uitgelopen vergaderingen en overwerk. Leonie had ook een tijdlang opgebeld dat ze iets later kwam. Na kantoortijd was er meer plaats in de archiefkast, op zolder en in de garderobe. Maar toen ze eens halfnaakt waren betrapt door de islamitische schoonmaker, had ze er verder van afgezien. Die man was oprecht geschokt over het kennelijke overspel en had zich beklaagd bij personeelszaken. Leonie werkt op personeelszaken. Met haar haren netjes opgestoken en haar lippenstift op haar mond in plaats van op het overhemd van haar minnaar, herkende de schoonmaker Leonie niet. Zij behandelde de klacht met een stalen gezicht en beloofde dat ze de zaak tot op de bodem zou uitzoeken.

'Misschien is Antwerpen toch niet zo'n gek idee,' zei ze, 'wil jij me dekken?'

'Dat is goed,' zei ik, 'als ik maar geen meelevend gezicht hoef te trekken als de boel in het honderd loopt.'

Een poosje geleden belde ze in paniek op: 'Heb jij aan iemand verteld dat we in Antwerpen zijn geweest?'

'Nee,' antwoordde ik gretig, 'heb je moeilijkheden?'

Het bleek dat de echtgenote van de man van de buitendienst een detectivebureau had ingeschakeld en hen had laten volgen. Het spel was uit, de minnaar beloofde huwelijkstrouw en Leonie hoefde niet meer op te bellen naar huis dat ze iets later kwam.

'Ik geniet wel van de rust,' zei ze, 'hoe regelen andere mensen het eigenlijk, vreemdgaan?'

Ik heb het hier en daar eens nagevraagd en het blijkt een algemeen probleem.

'Ik mocht het berghok van een vriendin gebruiken,' vertelde een moeder van twee kinderen, 'het rook er wel muf, maar ik was zo verliefd, dat het me niks kon schelen. We lagen wel drie keer in de week achter een stapel troep, op een oude matras. Maar op een dag kwam er iemand binnen. Kennelijk was er nog iemand die de sleutel had. We hebben onze adem ingehouden tot die persoon weg was. Ik was doodsbang. Kort daarop ging het uit. Ik voelde me ineens zo goedkoop.'

Het is ook niet chic, dat geknoei op rare plaatsen.

'Ik ben altijd bang dat ik een bekende tegenkom als ik me op straat vertoon met een andere vrouw,' vertelde een man, 'daarom ga ik liever niet in mijn woonplaats vreemd.' Hij woont in Amsterdam en als hij een vriendin heeft, spreekt hij in Haarlem af. Daar kent niemand hem, denkt hij.

Maar nu hoorde ik dat Haarlem juist een heel slechte keus is. Een vriend van mij was laatst in Haarlem en daar had hij in een restaurant maar liefst drie stellen zien wegduiken achter de kamerplanten, drie kennissen van hem die met een ander aan de zwier waren. 'Heel vreemdgaand Amsterdam zit in Haarlem,' zei mijn vriend, 'ga nooit naar Haarlem als je niet gezien wilt worden.' Maar misschien moet dat juist wél en biedt Haarlem een zekere garantie voor geheimhouding. Net zoals hoerenlopers zich niet voor elkaar hoeven te schamen zouden we Haarlem kunnen uitroepen tot gedoogplaats. Of Utrecht, dat ligt centraler en daar is de Jaarbeurs. In Utrecht lopen alle vergaderingen uit.

Zelf ben ik geen vaardige vreemdganger. In het verleden duurden mijn liefdesrelaties zo kort, dat de verhouding al weer uit was voor ik aan vreemdgaan toekwam. De laatste tien jaar heb ik een LAT-relatie. Zo'n romance vergt nogal wat organisatie, anders zie je elkaar nooit. Aan die ene verloofde heb ik mijn handen vol. Dat komt het vreemdgaan niet ten goede. Bovendien ben ik niet erg dapper. Voor overspel moet je brutaal zijn.

In Amerika was een hartspecialist die aan een hartaanval is overleden en als je hoort hoe hij geleefd heeft, begrijp je hoe dat komt. De man had maar liefst drie vrouwen. Alledrie verkeerden ze in de veronderstelling dat ze de enige waren aan wie hij zijn liefde had geschonken. Hij kwam wel eens een nacht niet thuis, maar dan sliep hij in het ziekenhuis, dachten ze. Hij kon ook niet elke dag komen eten, maar dat is normaal met zo'n drukke baan. De dagen dat hij wel kwam eten, deden de vrouwen extra hun best en kookten de lekkerste hapjes. Die at de hartspecialist gretig op en dan verontschuldigde hij zich: hij moest nog naar het ziekenhuis. Dan reed hij naar de volgende vrouw of de derde, volgens een rooster dat hij alleen kende. Daar at hij nog een keer, bracht er de rest van de avond door en zei dat hij nog naar het ziekenhuis moest: het kon wel laat worden. Dan vertrok hij naar de volgende, sliep daar een paar uur, deed of hij zijn bed uitgebeld werd en ging naar nummer één. 'Wat is het laat geworden, arme schat,' zei zij, 'ga maar gauw slapen.'

Zo jongleerde de hartspecialist met maaltijden en werktijden tot zijn eigen hart het begaf.

Maar dat is geen vreemdgaan meer, het is bigamie en dat is tegen de wet. Zulke mensen kunnen we in Utrecht niet gebruiken.

Spiegels

Toen Albert na tweeëntwintig dorre huwelijksjaren zijn vrouw verliet, huurde hij een etage in een oude stadswijk en richtte de achterkamer in als droomslaapkamer. Hij liet een bed timmeren waar ten minste drie mensen in konden en aan het plafond en tegen de lambrizering hing hij spiegels. 'Nu gaat het beginnen,' dacht hij, 'eindelijk ben ik vrij.'

Maar er begon natuurlijk niks. Albert ziet er niet uit als een man die je graag in een spiegel weerkaatst ziet terwijl hij erotische hoogtepunten aan het voorbereiden is. Hij is klein en dik, hij is tweeënvijftig en een beetje zweterig. Ik denk niet dat het erg druk gaat worden in zijn slaapkamer.

Mannen die weinig gelegenheid hebben met iemand te verkeren, voelen een razende lust. Ik hoorde laatst het verhaal van een vrouw die op haar zolder een wonderlijke ontdekking deed. Ze zocht iets tussen de oude spullen en toen ze een plank wegtrok om ruimte te maken, tuimelden er talloze seksboekjes naar beneden. Het waren ouderwetse afbeeldingen van vrouwen uit de jaren twintig of dertig, met grote witte onderbroeken aan en bustehouders. Iemand heeft kennelijk op die zolder zijn geheime seksuele leven gehad, vijftig jaar geleden of nog langer. Terwijl zijn vrouw dacht dat hij op zijn studeerkamer een boek zat te lezen, liet hij zich meeslepen in een bandeloze fantasie.

Op het feest dat Albert hield om zijn nieuwe huis in te wijden, zat de visite zwijgend op de sofa. Ze hadden een rondleiding gehad en waren gechoqueerd. Ze vonden het geen pas geven dat een man van middelbare leeftijd er zo'n zwoele slaapkamer op na hield.

'Als hij maar niet denkt, dat ik ooit in mijn eentje bij hem langsga,' zei een vrouw die vroeger best op Albert gesteld was, 'straks denkt hij nog...' Ze maakte haar zin niet af.

Ik vond het niet verstandig van Albert dat hij de mensen zo onvoorbereid deelgenoot maakte van zijn dromen. Ik ben niet verlegen, maar ik heb ook wel eens 'nee dank je' gezegd toen iemand aanbood zijn sm-kamer aan me te laten zien. Ik was heus wel benieuwd, maar ik wist niet goed hoe we weer uit die kamer weg zouden moeten komen. 'Leuk kruis, Wim, en fijne zwepen. Heb je hier veel bezoek?'

Albert heeft zich kennelijk op vurige nachten verheugd. In de armen van zijn voormalige vrouw heeft hij niet veel meegemaakt. Zij wou nooit wat. Zelf beschouwt hij zich als een vrijgevochten man. Hij heeft zich losgemaakt uit het gereformeerde milieu waarin hij is opgegroeid. Hij is al heel lang lid van de NVSH. Hij had de verenigingsavonden voor groepsseks willen bezoeken en aan partnerruil willen doen, maar zijn vrouw heeft altijd geweigerd. Hij denkt dat het aan haar ligt dat hij zoveel heeft gemist, vandaar dat hij er heel wat van verwachtte toen hij zijn slaapkamer inrichtte. Iedereen heeft seks, moet hij gedacht hebben, in alle bedden liggen mensen te rollebollen, mannen te hijgen, vrouwen te kreunen, alleen hij ligt nog met lege armen, behalve dan de schamele keren dat hij een bordeel bezoekt. Die gedachte vindt hij onverdraaglijk.

Mensen hebben wonderlijke ideeën over seks. Ze denken dat een ander het leuker heeft dan zij zelf, dat andere liefdesparen het vaker doen, op originele plaatsen en vrijwel nooit in de missionarishouding.

Toen ik nog psycholoog was, heb ik veel over seksualiteit gepraat. Ik weet dus, dat andere mensen het volstrekt niet leuker hebben dan ik, maar desondanks betrap ik me ook wel eens op die gedachte.

'George is een fantastische minnaar,' hoorde ik iemand op een terras zeggen. Ze boog zich over naar haar vriendin en vertelde op een fluistertoon verder, ongetwijfeld voorbeelden van Georges liefdeskunst. Na een poosje kwam er een man bij de twee vrouwen aan tafel zitten, dat was George, dat kon niet missen. Ik keek hem nieuwsgierig aan. Wat zou hij zoal doen? Hij had stevige benen, brede schouders en een snor. Ik hou niet erg van snorren, maar wie weet wat deze George met de snor wist te doen om het plezier in bed nog te verhogen. Het gezelschap bleef nog even op het terras zitten, toen wandelde George met zijn vriendin de zomeravond in. Ik keek ze afgunstig na.

Jonge mensen denken dat oude mensen geen seks meer hebben, vooral hun eigen ouders niet, volwassenen denken dat de jeugd geen taboes kent, en zo vergist iedereen zich in elkander.

Albert is, om een vriendin aan de haak te slaan, op modeltekenen gegaan en hij gaat drie keer per week naar de sauna. Als een vrouw uit de kleren gaat, dan wil ze wat, hoopt hij. Daar komt hij nog wel achter.

Zoals ik het nu vertel, lijkt het wel of vrouwen dat soort fouten niet maken. Dat is niet zo. Een man kan niks zeggen zonder dat een vrouw denkt dat hij er iets seksueels mee voorheeft en dat is lang niet altijd het geval. Hij is ook wel eens met iets anders bezig, zijn inkomstenbelasting of een mooi boek.

En zelfs in bed kan een man terughoudend zijn. Ik weet dat veel mannen zich rot schrikken als een vrouw al te voortvarend tegen ze doet. Ik ga af en toe uit met een vrouw van een jaar of vierendertig. Ze is heel mooi en alle mannen kijken naar haar, maar ze loopt te hard van stapel. Mannen deinzen terug voor al die seksuele appetijt. Ze vertelde dat ze eens iemand had versierd die nogal verlegen was. Hij liet zich meetronen naar de slaapkamer en protesteerde niet toen zij hem uitkleedde. Maar daarna wilde hij eerst wat praten en zijn glas leegdrinken en daar had zij geen geduld voor. Vooruit met de geit, dacht ze en om hem aan te moedigen, was ze een striptease gaan doen, een zwoel bedoeld dansje. De man was zo geschrokken dat hij met zijn kleren in zijn hand de badkamer was ingevlucht en er niet meer uit wilde komen.

Ik heb haar nog voorgesteld een voorstelling te gaan geven in Alberts paleis en ze zou het overwegen. Ik heb er maar niet bij verteld wat ze, behalve zichzelf, in de spiegels aan zou treffen: Albert, twintig maal weerkaatst: klein en dik en heel erg zweterig.

Spin

Ik heb een vriendin die een saaie man heeft. Hij is verschrikkelijk lief en ook goed voor de kinderen uit haar eerste huwelijk, maar lieve help, wat is die man saai. Daar werd mijn vriendin zo narrig van, dat ze hem begon te treiteren, alleen maar om hem uit zijn tent te lokken, maar deze man had geen tent, hij bleef lief. 'Je moest je schamen,' zei ik tegen haar, 'dat je zo onaardig doet. Wees blij dat je een lieve man hebt!'

Zij was het met me eens, maar ze kon niet anders, ze werd gek van zijn saaiheid.

'Neem dan een minnaar,' raadde ik aan.

Die heeft ze nu en het heeft enorm geholpen. De minnaar is een getrouwde man, die heel in het geniep met mijn vriendin vrijt, hij mag zijn huwelijk absoluut niet in de waagschaal stellen, want hij is burgemeester.

Burgemeesters zijn nooit ergens zonder dat iemand het weet, want zijn afspraken worden door een secretaresse geregeld en als die afspraken buitenshuis plaatsvinden, komt er een dienstauto met chauffeur voorgereden. Het is telkens een heel gedoe om van die chauffeur af te komen. De burgemeester heeft mijn vriendin bezworen dat ze nooit, maar dan ook nooit iets mag vertellen over hun verhouding. Dat heeft ze beloofd, maar ze heeft het natuurlijk wel aan mij verteld, want ik ben een goeie vriendin en ik hou mijn mond wel.

Maar nu wil het geval dat ik ook goed bevriend ben met een andere vrouw, een wilde spetter, die niet op een keertje vreemdgaan kijkt. Zij vertelde me laatst, in het diepste geheim, dat ze nu toch een interessante minnaar had! En ja hoor, dat was diezelfde burgemeester en tegen haar had hij ook met klem gezegd dat ze niet over de vrijage mocht praten, vanwege zijn functie. Zelfs niet met je beste vriendin, had hij er nog bij gezegd.

Deze burgemeester is kennelijk op de hoogte van het gevaar van vrouwenpraat.

Veel mannen onderschatten de gesprekken die vrouwen met elkaar voeren. Ze denken dat die over onbelangrijke zaken gaan, over kleren en kinderen, maar veruit de meeste gesprekken gaan over iets anders, ze gaan over mannen en meestal niet in positieve zin.

Dat komt door het vergelijken. Als de ene vrouw heeft verteld hoe haar man zich gedraagt, komt haar vriendin daarna met een verhaal over die van haar en dat brengt het gesprek dan weer op nieuwe anekdotes. Mannen die vermoeden dat het zo gaat, hebben een hekel aan de vriendinnen van hun vrouw. Als ze verstandig zijn laten ze dat niet merken, want dat wordt meteen in de volgende vergadering besproken.

'Waarom doet jouw man zo raar tegen mij?'

'Doet hij raar, zou hij jaloers zijn?'

En dan volgt er een diepteanalyse waarbij heel wat meer intimiteiten over tafel gaan dan het geval zou zijn geweest als de goeie man zijn gezicht in de plooi had gehouden en een pot thee was gaan zetten voor de meisjes.

Ik ken een man die daar erg behendig in is geworden. Als er een vriendin op bezoek komt, roept hij opgewekt:

'Ik zal jullie niet storen!' en gaat dan ergens in het huis iets verontrustends doen, dat lawaai maakt. Zijn vrouw kan zich daardoor niet goed op het gesprek concentreren. Ze hoort hem met de wasmachine slepen en er klinkt een elektrische zaag.

Af en toe roept hij haar: 'Hannie! Waar is...' en als ze opstaat om te luisteren wat hij nodig heeft, roept hij: 'Nee laat maar, ik heb het al.'

'Wat doe je?' vraagt ze.

'Niks hoor, ga jij maar gezellig bijpraten.'

Meestal duurt het niet lang tot ze een eind aan de visite maakt. Als haar man de buitendeur hoort slaan, komt hij fluitend naar beneden. Ziezo, het gevaar is geweken, de gereedschapskist kan weer dicht.

Als de burgemeester denkt dat een belofte van zwijgzaamheid voldoende is om te verhinderen dat hij wordt besproken, vergist hij zich en niet zo'n beetje ook. Een vrouw zal haar vriendin zonder maar een ogenblik te aarzelen verwaarlozen voor iedere flapdrol op wie ze toevallig een poosje verliefd is, maar niks over hem zeggen? Daar is geen denken aan.

Daarom weet ik zo goed hoe het met iedereen gaat in mijn omgeving. Ik weet dat Carla op het punt staat haar man te verlaten, dat Tineke maar één keer in de drie weken met haar vriend naar bed wil, dat Hans niet van beffen houdt en dat Myriam op de hoogte is van het geknoei van haar Jan met de secretaresse van de afdeling. We zijn nog aan het bespreken wat de beste strategie is om hem daarmee om zijn oren te slaan. En natuurlijk weet ik precies waarom de burgemeester zijn vrouw bedriegt met maar liefst twee minnaressen. Hij ging al jaren niet meer met haar naar bed. Hij wil niet van haar scheiden omdat het zo'n gedoe geeft met representatie en hij moet er niet aan denken dat hij in het weekend zelf pannekoeken zou moeten bakken voor de kinderen. Maar in bed wil hij geen dame maar een opwindende vrouw. Twee zelfs.

Maar de burgemeester hoeft niet bang te zijn dat ik zijn levenswandel verder vertel aan een ander. Allebei de vriendinnen hebben mij op het hart gedrukt dat ik aan niemand mag vertellen met wie ze een romance hebben. Daar hou ik me aan.

Stoer

John Wayne is dood. Dat was hij al, maar alles waar de man voor stond is inmiddels ook overleden. Stoere mannen die zich zwijgend en doortastend met hun brede schouders een weg baanden door een wereld van schurken en tegenstanders; ze zijn er niet meer, vermoedelijk omdat er geen vraag meer naar is. Dat zal wel aan de automatisering liggen. Alle beroepen waar vroeger berekracht voor nodig was, kolensjouwer, havenarbeider, vrachtautochauffeur en opperman, worden nu uitgevoerd door heel gewone mannen die machines bedienen, computers, trekkers en hydraulische heftrucks. Spierkracht is niet meer nodig. Ik ken een pianoverhuizer van een meter tweeënzeventig, een schriel mannetje.

De enige beroepen waar je nog een sterke vent voor moet zijn in onze tijd zijn stratenmaker en balletdanser. En stratenmakers krijgen het allemaal aan hun rug.

Je ziet nog wel mannen die stoer doen. Meestal zijn het jonge mannen die nog aan het oefenen zijn met hun testosteron. Ze zijn een gevaar in het verkeer en trekken met groot lawaai op bij stoplichten. Sommigen spugen op de grond en praten over geweld. Als ze wat ouder worden, gaat het vanzelf over en worden het gewone mannen, tenminste de meeste. Er zijn er ook die van geen ophouden weten en hun manlijkheid koesteren zo lang het maar kan. Op den duur wordt dat natuurlijk potsierlijk en tenslotte vertederend. Zo heel masculien zijn ze dan niet meer, eerder het tegendeel.

In Den Haag hebben ze er veel; Sjonnies, noemen ze zulke mannen daar. Zelf ken ik er ook een, Ko heet hij en ik ken hem van vroeger, toen ik nog aan bodybuilding deed. Ko was bijna elke dag in de sportschool, soms om te trainen, maar ook vaak alleen om topsportersmelk te drinken en in de spiegel te kijken. Ik plaagde hem: 'Wat ben je ijdel Ko!'

'Ik ben niet ijdel,' zei Ko dan, 'ik kijk naar mijn spiertonus.'

Maar Ko tuurde ook heel wat naar zijn kapsel. Daar zaten geen spieren, wel een kaal plekje dat hij zorgelijk vond.

Ik train allang niet meer en Ko ook niet. Ko is een sjonnie geworden. Hij gaat nog wel naar de sportschool om wat met het ijzer te stoeien, zoals hij het noemt, maar eerlijk gezegd is van zijn sportmanschap alleen het trainingspak over, een glimmend vrijetijdspak in zuurtjeskleuren. Dat heeft hij iedere dag aan. Alle sjonnies dragen zo'n pak. In Den Haag zie je ze lopen, onder iedere arm een denkbeeldig boomstammetje, de voeten iets uit elkaar en op hun keurig geschoren gezicht een vermoeide uitdrukking, alsof ze zojuist flink hebben aangepakt in de sportzaal. Maar als er zweet op het gezicht van een sjonnie staat, is het van de zonnebank, niet van de inspanning.

Sjonnies zien er graag goed uit. De vrouw van Ko heeft een slot op haar beautycase, want het is verbazend hoeveel van haar cosmetica Ko goed van pas komt: dagcrème, nachtcrème, nagelolie, styling foam. Dat kale plekje van Ko is almaar groter geworden en dat vindt hij erg. Kale sjonnies laten vaak een ringbaardje staan, een siersnor of een snor met sik, netjes getrimd en soms geverfd met snorreverf. Ko heeft geen snor, hij heeft een matje. Wat hij bovenop aan haar te kort komt, laat hij aan de onderkant groeien, het lijkt een beetje op een spatlap.

Haren zijn belangrijk, er zijn sjonnies met permanent die de hele verzorgingslijn voor bros en beschadigd haar gebruiken en sjonnies met een coupe soleil die precies weten welke produkten onontbeerlijk zijn voor hun kapsel.

Voor Ko de deur uitgaat, kijkt hij keurend in de spiegel, schudt de pols waar zijn gouden schakelarmband om zit en stapt naar buiten, de autosleutels in zijn hand. Die auto is niet zomaar een karretje, het is zijn auto-geworden ziel. Sjonnies hebben een Opel Kadett Sport of een boulevardjeep met op het dak een spoiler, een sunroof en op het dashboard knoppen, meters en lichtjes. Als het een rijke sjonnie betreft, is er ook nog telefoon aan boord. Daarmee maakt hij diepe indruk op andere sjonnies.

Ko heeft geen autotelefoon. Hij heeft wel een eigen appartement in Spanje. Daar gooit hij ook hoge ogen mee, want de meeste van zijn vrienden huren er een. Ko niet, die was er snel bij indertijd, toen de appartementen in Torremolinos nog betaalbaar waren.

Geld, daar gaan de gesprekken vaak over aan de bar, waar sjonnies alcoholvrij bier staan te hijsen. Vroeger dronken ze jenever en praatten ze over wijven. Ko deed altijd geheimzinnig tegen mij over de vriendinnen die hij erop na hield, minstens drie, beweerde hij. Dat geloofde ik natuurlijk niet, maar dat hij vreemdging, is zeker. Ik heb zijn vrouw eens vreselijk tekeer horen gaan in een café. Zij jammerde en tierde dat hij een hoerenloper was, een tiran, een klootzak van een gozer, een ondankbare hond. Na de toespraak liep ze huilend de zaak uit, terwijl Ko zijn schouders ophaalde en nog wat bestelde. Die tijd is voorbij. Jenever drinkt hij niet meer, helemaal geen alcohol. Hij kan niet meer tegen de katers en niet tegen de moeilijkheden die hij maakt met een slok op. Maar zijn vrouw profiteert daar niet van, hij is van haar gescheiden. Hij heeft een nieuwe vrouw, een die veel op de vorige lijkt. Ze is alleen jonger en kattiger. Zij zou zich nooit in een café voor gek laten zetten, geen denken aan. Ko weet precies waar hij zich aan te houden heeft, om kwart voor zes moet hij naar huis. Met een diepe zucht alsof hij een zware verslaving staat te voeden, drinkt hij zijn glas leeg en werpt een blik op de klok. Vroeger zou hij er nog een genomen hebben, om het af te leren. Maar hij is een sjonnie geworden. Sjonnies hebben het al afgeleerd.

Niks ervan

Cor Visser mag niet mee naar de wintersport, zijn vrouw heeft het verboden. Ieder jaar gaat de kastelein van het café waar ik vaak kom een week naar Oostenrijk met drie vaste klanten, maar dit jaar mag één van hen niet mee: Cor.

'Hoe kan dat nou?' vroeg ik toen ik het hoorde, 'die man is toch volwassen?'

De kastelein haalde zijn schouders op. 'We hebben met z'n allen op z'n vrouw in zitten praten en het is niet eens dat ze bang is voor rottigheid, maar ze vindt het nergens voor nodig dat Cor mee op wintersport gaat. Cor blijft thuis, zei ze.'

'Ik begrijp niet dat hij dat neemt,' zei ik hoofdschuddend, maar dat was een leugen. Ik heb me zelf ook altijd van alles laten verbieden.

Mijn eerste verloofde hield er niet van als ik las. Toch moest ik af en toe lezen, want ik studeerde nog. Als ik een boek pakte, kreeg hij een slecht humeur. Met een gezicht als een donderwolk bleef hij naar me staren, tot ik het boek dichtsloeg en gezellig koffie ging zetten. Ik heb in het geheim examen gedaan.

Achteraf is het misschien verwonderlijk dat ik die jongen niet heb uitgelachen en onbekommerd een hele bibliotheek ben gaan uitlezen, maar het was uit respect voor zijn gevoelens en bovendien was ik gevleid. Hij hield van mij en als ik maar even mijn aandacht op iets anders richtte, kreeg hij last van levensangst. Zo wilde hij ook niet dat ik met vriendinnen uitging, of dat ik nodeloos lang van huis was. Als er geen dringende reden was om weg te gaan, hoorde ik thuis te zijn. Voor de boodschappen kreeg ik anderhalf uur.

Ik versleet zijn tirannie voor liefde, ik had zelfs berekend dat hij wel erg veel van mij moest houden, zo streng was hij.

Die vergissing maken geliefden wel vaker.

Ik sprak eens een jeugdleider die buurthuisjongeren begeleidde. Hij moest leuke bezigheden voor ze bedenken om hen van de straat te houden. Een van de grote problemen die hij ondervond was, dat allerlei activiteiten onmogelijk waren, omdat ze indruisten tegen de fatsoensregels van de kinderen. Zwemmen kon niet, want de meisjes die verkering hadden mochten van hun vriendjes niet in badpak lopen, vanwege andere jongens die dan naar ze keken. Kamperen was ook onmogelijk. Als de meisjes vriendjes van buiten de groep hadden, kregen ze van die jongens geen toestemming om mee te gaan en als het vriendjes uit het buurthuis waren, zaten die nagelnieuwe echtparen in plaats van lekker kano te varen elkaar in de smiezen te houden of er niets onbetamelijks gebeurde.

Nu zijn kinderen van die leeftijd erg onzeker en daarom misschien extra behoudend als het om de liefde gaat, maar volwassenen kunnen er ook wat van.

'Mag ik morgen biljarten?' heb ik mijn zwager eens aan zijn vrouw horen vragen. Dat was geen grapje, hij kreeg maar heel aarzelend toestemming, want de avond tevoren was hij ook al weg geweest. Het moest natuurlijk geen gewoonte worden, dat pierewaaien van die man. Ik ben eens met hem mee geweest naar zijn biljartavond, ik was benieuwd naar welke duistere kroegen die brave zwager dan wel ging. Het café bleek een onderstuk in een flatgebouw te zijn. Er was een bar in gemaakt met skaileren krukken, twee biljarttafels, stekelige tegels als vloerbedekking en tafeltjes met een geblokt kleed erop en een schemerlampje. 'Een eigen huis,' zong René Froger via de audioinstallatie.

'Ha Hans!' riep de barkeeper. Hij wreef in zijn handen. Nu waren er vijf klanten in zijn zaak. Om kwart over twaalf keek mijn zwager bezorgd op zijn horloge. We moesten maar eens op huis aan.

De meeste mensen die van elkaar houden vinden het doodgewoon dat ze de ander van alles verbieden. Ze doen het niet met kwade bedoelingen. Het is bijvoorbeeld voor Henk zijn bestwil dat hij mee moet op visite en niet lekker thuis mag blijven op zijn hobbyzolder.

'Niks ervan,' zegt zijn vrouw, 'we gaan op bezoek bij heel aardige kennissen. Als hij er eenmaal is, vindt hij het heus wel leuk en anders ziet hij nooit een mens.'

Het is inderdaad zo, dat Henk niet veel op heeft met gezelligheid. Hij zit het liefst op zijn zolder waar hij koperen fluitketels restaureert. Sociaal gesproken is hij misschien een beetje dor, maar waarom mag dat niet?

'Omdat het niet goed voor hem is,' zegt zijn vrouw, 'hij krijgt er niks van als hij een avondje mee op visite moet en daarbij komt dat ik geen zin heb om in mijn eentje te gaan.'

Ik heb soms de indruk dat het in langdurige verhoudingen vooral de vrouwen zijn, die wetten uitvaardigen. Dat ligt aan het gezinsleven. Als er kinderen zijn geeft het geen pas als een man in zijn eentje iets leuks gaat doen.

Een paar jaar geleden was ik met vakantie in Frankrijk, aan een meer. Het was een watersportparadijs, er voeren kleurige zeilplanken van oever naar oever, er werd gezwommen, gesnorkeld en als er geen mensen in het water spartelden, zaten er vissers aan de kant, want het stikte er van de paling.

Vooral de mannen en de kinderen hadden een reuzeplezier op deze camping en daar deden de vrouwen naar beste vermogen wat tegen.

Eén vrouw was al voor vertrek begonnen. Haar man had zijn zeilplank thuis moeten laten.

'Plankzeilen is niet geschikt voor het hele gezin,' zei hij sip, 'het is nogal een individueel gebeuren.'

Zijn visspullen mochten wel mee, omdat vissen niet op prime time plaatsvindt, maar 's ochtends vroeg en 's avonds als de kinderen al in bed liggen, maar het was zeker niet de bedoeling dat hij iedere avond ging vissen, geen sprake van. Om de twee dagen mocht hij en als hij op zijn stekkie zat, kwamen nog meer mannen naar de waterkant. Ze hadden allemaal veel verstand van vissen en zetten om het hardst uiteen hoe je het beste een paling kon verschalken. En steevast, als het net gezellig werd, klonk de stem van de vrouw van een van die mannen: 'Jan, kom je?'

Zij had liever niet dat hij zich zonder haar amuseerde.

Nee heb je en ja kun je krijgen, behalve als iemand veel van je houdt. Dan blijft het nee, voor je eigen bestwil.

Het vrouwencondoom

Toen ik zestien was, kreeg ik de pil. Het was eigenlijk de bedoeling dat ik nog een poosje wachtte met de coïtus, maar op een dag was het ineens gebeurd. Ik zat zoals altijd op zaterdagmiddag met Johan op zijn jongenskamer. Hij was zwijgzaam van aard en ik had alles al gezegd, dus gingen we op bed liggen. Dat deden we ook iedere week. Meestal kwam hij dan op me liggen en gaf twee minuten later blijk van een orgasme. Het ging allemaal zo vlug dat we nooit tijd hadden om ons uit te kleden. Dat kwam ook doordat zijn ouders ons kuis probeerden te houden. Om de vijf minuten kwam zijn moeder thee brengen en soms hoorde ik zijn vader roepen: 'Is die slet er weer? Laat die gasten toch eens van die kamer afkomen!' Maar deze keer ging het anders. Zijn vader was iets aan het repareren in de douchecel, iets waar de boormachine aan te pas moest komen, de boormachine schoot uit en na veel gevloek en gejammer verdwenen de ouders met de auto naar de eerste hulp. Het jongere zusje nam de kans waar en ging gauw de deur uit om patat te halen in de snackbar. Het huis was doodstil. Met een zenuwachtig gezicht begon Johan aan mijn kleren te sjorren en aan de zijne. Even later waren we naakt en neukten we.

Na afloop was er een plechtige sfeer. 'Misschien ben je wel in verwachting,' fluisterde Johan verrukt. Ik voelde het bloed uit mijn gezicht wegtrekken. Nee toch zeker! dacht ik, want zwanger, daar hoefde ik thuis niet mee aan te komen, na al die jaren seksuele voorlichting. Bovendien waren mijn ouders niet erg te spreken over onze romance, ze vonden Johan niet goed genoeg, omdat hij op de ambachtsschool had gezeten.

Doodsbenauwd telde ik de dagen tot de volgende menstruatie, die van de zenuwen een poosje op zich liet wachten. Na een week hield ik het niet meer en bekende mijn ouders wat er was voorgevallen.

'Ik ben bang dat ik zwanger ben.'

'Dat vind ik middeleeuws,' zei mijn vader afgemeten en las verder in zijn krant.

'Waarom heb je niet om een condoom gevraagd?' riep mijn moeder. 'Er was geen tijd,' zei ik bedremmeld. Zij had geen idee van het verschil tussen onze familie en die van hem. Zij zette nooit thee. Het zou voor de hand hebben gelegen dat we vaker bij mij thuis afspraken, maar dan had Johan ook een gesprek moeten voeren, want het was nu eenmaal de gewoonte bij ons thuis dat je af en toe iets zei en dat kon hij niet. Na goeiemiddag wist hij niet hoe het verder moest en de koele blikken van mijn ouders maakten het er niet beter op.

We waren al bezig een dokter te zoeken voor een abortus, toen ik toch nog ongesteld werd. Een week later had ik de pil. Het was een van de eerste merken, Lyndiol tweeëneenhalf en je had er vermoedelijk een nijlpaard onvruchtbaar mee kunnen houden. Tien jaar lang heb ik onbekommerd anticonceptiepillen geslikt, tot ik verliefd werd op een gesteriliseerde man.

Ik schoof de pillen terzijde en genoot van de vrijheid. Nooit meer hoefde ik na te denken of ik de pil niet was vergeten en de artikelen in tijdschriften over het verband tussen enge ziektes en de anticonceptiepil sloeg ik voortaan over. Maar onze liefde duurde niet lang en toen de volgende verloofde zich aandiende, moest ik me opnieuw bezinnen op voorbehoedmiddelen. 'Neem de pil,' raadde de nieuwe man aan, want dat leek hem wel gemakkelijk. Maar ik kon het niet meer. Ik kreeg maagpijn van de nieuwe merken, ook al waren ze nog zo licht en verantwoord vergeleken met de kanonskogels waarmee ik tevoren mijn vruchtbaarheid had bestreden en bovendien vergat ik ze steeds in te nemen. We probeerden condooms te gebruiken, maar daar kreeg hij niet alleen de slappe lach van en tenslotte viel de keus op de spiraal, zo'n klein elegant friemeltje dat eenvoudig te plaatsen zou zijn en drie tot vijf jaar kon blijven zitten. Het werd een slachting. Mijn uterus wrong zich in duizend bochten om het onding eruit te werken en ik kwam pas tot bedaren toen ik uren later een injectie met morfine had gehad. 'Je moet wat overhebben voor je liefdeleven,' zei mijn verloofde.

Het is natuurlijk niet eerlijk. Voor vrouwen zijn er wel zeven soorten pijnlijke, gênante, ongezonde, riskante en ongerieflijke voorbehoedmiddelen op de markt en voor mannen is er maar één: het condoom en dat trekt hij niet aan.

Daar heb ik al veel verhalen over gehoord. Een man vertelde me dat hij eens met een vrouw mee naar huis was gegaan. Ze zaten op de bank te zoenen toen de vrouw de bezigheden onderbrak. 'Zeg Maarten, als wij straks gaan neuken, wil ik wel dat jij een condoom aandoet hoor!' zei ze. De man declameerde de zin schaterlachend en toen nog eens en nog eens: 'Zeg Maarten, als wij straks gaan neuken, wil ik wel dat jij een condoom aandoet hoor!'

'En wat deed jij toen?' vroeg ik.

'Niks,' zei de man, 'en toen zei zij: "Als jij zo ambivalent tegenover het gebruik van een condoom staat, kun je nu beter vertrekken." '

Hij ging.

Ik zou ook niet weten hoe je een man duidelijk maakt dat je wilt dat hij een condoom gebruikt. Ik heb het een paar keer in mijn leven geprobeerd, maar de ene man deed net of hij niets had gehoord en ging extra hard kreunen, een andere grinnikte en negeerde mijn opmerking verder en de derde verloor zijn erectie. Ik heb dus nog nooit een condoom van dichtbij in actie gezien.

Tegenwoordig bestaat er ook een condoom voor vrouwen. In de krant stond dat een kwart van de vrouwen er tevreden over is en dat schijnt nogal veel te zijn. Ik heb een pakje gekocht, maar het viel me niet mee. Ik zal wel bij die driekwart horen die het vrouwencondoom helemaal niet zo'n aanwinst vindt. Voor een deel ligt dat aan mijzelf. Ik ben nogal vaginistisch. Als zich iets engs aandient bij de ingang van mijn vagina knijpen de spieren zich afwerend samen. Drie pakjes tampons kostte het destijds, voor ik er voor het eerst één van miniformaat naar binnen wist te loodsen. Het mag een wonder heten dat ik überhaupt een liefdeleven heb. Toen ik het vrouwencondoom uit de verpakking haalde wist ik het al: dat wordt niks. Uit het zakje kwam een vette kledder met twee ringen. De één moest hoog in de schede gebracht worden volgens de aanwijzingen op de bijsluiter en de andere wordt buiten om de schaamlippen gevouwen of blijft als een loos mondje openhangen, wachtend op het bezoek.

Wat me vooral zo ontmoedigde was, dat de ringen zo groot waren. Een heel klein ringetje had ik misschien nog wel weggekregen, maar zes centimeter doorsnee zou me niet lukken, was mijn ervaring. Ik had het eerder meegemaakt, met een pessarium. Na twee vruchtbare, een gesteriliseerde, weer een vruchtbare en weer een gesteriliseerde verloofde, stond ik opnieuw voor de keuze hoe ik mij zou beschermen tegen ziektes en zaad. Omdat ik geen vaste verkering had, besloot ik het eens met een pessarium te proberen. Ik maakte een afspraak met een arts. Zij zou het pessarium aanmeten en mij leren hoe ik het in kon brengen. Ik had nog nooit zo'n ding gezien en ik wilde onmiddellijk rechtsomkeert maken. Een grote grijze hoed grijnsde mij aan. 'Hebt u ook kleinere maten?' vroeg ik.

'Dit is de kleinste,' zei de dokter, 'en een pessarium is heus niet zo moeilijk te plaatsen, kijk, je kunt het samenknijpen, dan is het een slank voorwerp en schuif je het zó naar binnen.'

De ring van het vrouwencondoom kun je ook samenknijpen, dat moet zelfs van de bijsluiter, maar er was geen sprake van dat ik ook maar een centimeter toegang vond. Zo verging het de dokter met het pessarium ook. 'Ontspant u maar,' raadde ze aan. Na tien minuten machteloos wringen, gaven we de moed op en achteraf is dat maar beter ook. Ik heb wel eens gehoord dat het pessarium niet zo'n goed voorbehoedmiddel is. Een gynaecoloog die ik sprak zei dat de zwangerschap vooral wordt verhinderd door de zaaddodende pasta die je er bij gebruikt, niet door het pessarium zelf. Dat kon je net zo goed op je hoofd zetten, zei hij. Het was er in ieder geval groot genoeg voor.

Na een paar mislukte pogingen legde ik het vrouwencondoom op een schoteltje en bestudeerde de bijsluiter. Ik zou toch zeker niet de enige zijn die problemen ondervond? Maar nergens stond dat het moeilijk zou kunnen zijn het ding in de vagina te brengen, alleen dat sommige vrouwen graag een keer in afzondering wilden oefenen. Later wordt het iets waar je samen wat aan beleeft. 'Vrouwen die het vrouwencondoom regelmatig gebruiken, vinden het prettig het door hun partner – als onderdeel van het voorspel – in te laten brengen. Het condoom wordt zo een natuurlijk onderdeel van het vrijen.'

Dat hebben ze ook altijd beweerd van het mannencondoom, dat een vrouw er allerlei verleidelijke omtrekkende bewegingen mee kon maken, het met haar mond over de penis rollen, het liefdevol met de hand aanbrengen terwijl zij speelse beetjes geeft, vol verlangen roepend: 'O schat, doe een condoom om je heerlijke roede', maar de werkelijkheid is, dat de meeste mannen het condoom op zijn best een noodzakelijk kwaad maar nooit een erotische toevoeging vinden.

'Ik mag al blij zijn als een minnaar een erectie hééft,' zei een oudere vriendin, 'als ik een condoom tussen mijn tanden neem, raakt zo'n man onmiddellijk impotent en dat gaat de eerste vijf weken niet over.'

Een condoom is niet sexy, daar is het ook niet voor bedoeld. Je draagt het om een ernstige reden en als je het maar vaak genoeg gebruikt, wordt het op den duur een heel gewoon artikel. Maar het vrouwencondoom is wel erg onplezierig in de omgang. Het is groot en lelijk en daarbij druipt het van de olie. Als een man het inbrengen ervan, zoals de bijsluiter suggereert, opneemt in het voorspel en het liefdevol in de vagina steekt, krijgt hij enorm vette vingers. Ik heb liever niet dat hij die aan het beddegoed afveegt, of aan mij.

Ik zou ook niet goed weten wat er verder nog aan voorspel kan plaatsvinden als je eenmaal met die natte boterhamzak tussen je benen ligt.

Maar de onaangenaamste eigenschap merk je pas als de coïtus eenmaal is begonnen. Het vrouwencondoom maakt geluid. Het kraakt een beetje.

Dat is waarschijnlijk bij het vooronderzoek niet gebleken, anders had de fabrikant er vast wat aan gedaan, want die is erg trots op dit nieuwe produkt. In de bijsluiter worden alle voordelen opgesomd: het is geurloos en veilig, het is geschikt voor iedere vrouw, het is ook tijdens de menstruatie te gebruiken, het is dun maar het is sterk. Heel sterk. En daar maakt de fabrikant zich eigenlijk een beetje zorgen over. Het is bepaald niet de bedoeling dat een vrouwencondoom meer dan één keer gebruikt wordt, maar ik heb al een vrouw horen zeggen, dat ze het zonde vond om het weg te gooien. 'Het kan best mee in de wolwas,' zei ze, 'ik stop het in een panty, dan scheurt het niet. En voor glijmiddel kan ik zelf zorgen. Slaolie heb ik zat.'

Het avontuur

Alle jongens op school hadden een pistool, alleen Jaap had er geen. Zijn ouders hielden niet van soldatenspeelgoed, daarom kreeg Jaap een scheikundedoos in plaats van een geweer. Maar Jaap vocht evengoed mee in de eeuwigdurende oorlog tussen het hoofdgebouw en de dependance. Hij had een tak met een bocht erin en dat was zijn pistool. Want alle scheikundedozen ten spijt wilde Jaap geen jonge geleerde zijn, maar een man. Dat willen veel jongens. Ze dromen van een toekomst als brandweerman, politieagent of scheepskapitein. Iets in hun chemische huishouding maakt, dat ze in hun jeugd ondernemender zijn dan meisjes, gewelddadiger ook, maar die aandrift duurt niet lang. De meeste mannen zijn voor hun dertigste al handtam.

Ze zijn geen popster geworden en geen oorlogsjournalist en omdat ze ook geen carrière hebben voorbereid, belanden ze in het onderwijs. Op middelbare scholen zie je veel van die gestrande avonturiers. Ze hadden helemaal geen leraar willen worden, ze dachten alleen een poosje les te geven om te sparen voor een wereldreis. Leraren hebben korte werkdagen, lange vakanties en een salaris dat in de derde wereld een kapitaal vertegenwoordigt. Maar het nadeel van lesgeven is, dat de meeste mensen erin versukkelen. Het begint als een tijdelijke betrekking, maar op een dag blijk je al vijftien jaar in het vak te zitten. Wat dat betreft lijkt het onderwijs een beetje op prostitutie.

Een leraar in Lelystad vertelde me zijn leven. Toen hij nog studeerde, gaf hij een paar uur aardrijkskunde op een scholengemeenschap en in de vakanties ging hij op reis. Reizen was zijn lust en zijn leven. Op zijn zestiende jaar al liftte hij naar Turkije, het jaar erop ging hij naar Lapland. Na zijn eindexamen reisde hij naar het Verre Oosten en bleef maanden weg. Als hij een onderwijsbaan van een uur of twintig zou aannemen, had hij uitgerekend, zou hij over een paar jaar geld genoeg hebben om een heel jaar weg te blijven en hoefde hij niet zo hard te werken, dat hij geen tijd meer overhield voor zijn tweede hobby: fotograferen. Onderweg maakte hij altijd talloze foto's en als hij terug was in Nederland legde hij schitterende plakboeken aan.

Die plakboeken liggen nu ergens op zolder.

Al tijdens zijn studie ontmoette hij zijn tegenwoordige vrouw. Zij vond reizen ook leuk, ze gingen samen naar Marokko en naar Toscane. Toen ze getrouwd waren gingen ze nog naar Mexico, maar daarna werd het toch meer vakantie houden dan reizen. Op de dia's die hij maakte, stond steeds vaker zijn vrouw, geen nomaden, geen onherbergzame landschappen.

Tegenwoordig kan hij zich nauwelijks herinneren waarom hij zo nodig tussen spuwende oude mannetjes, kippen, geiten en schilderachtige oude vrouwen met omslagdoeken in een aftandse bus wilde meehobbelen.

Zo vergaat het veel avontuurlijke mannen. Als ze vijfentwintig zijn willen ze de hele wereld veroveren en tien jaar later moet je ze ongeveer uit hun leunstoel takelen om ze in beweging te krijgen. Zelf geven ze graag het huwelijk er de schuld van dat ze hun jongensdromen hebben laten varen en misschien hebben ze gelijk. Ik zie ook zelden iets feestelijks komen van trouwen en een huiselijke regelmaat. Ik heb in het verleden samengewoond met een man die veel had gereisd. Hij was op zijn zeventiende de wijde wereld ingetrokken en had lang in Parijs gewoond. Toen ik hem leerde kennen, gingen we nog wel eens een fietstocht maken en we kampeerden in het wild. 's Winters gingen we naar concerten en naar experimenteel toneel. Maar het werd steeds minder. Tegen de tijd dat onze romance voorbij was, konden we nog alleen samen naar de Chinees. Daar zaten we dan achter onze rijstkommen naar elkaar te zwijgen. We waren saai geworden.

Als je samenwoont, verlies je de lust tot avontuur, je vervalt al gauw in routine en voor je het weet is het etenstijd.

Tegenover mij woont daar een voorbeeld van. Het is een jong gezin. Er is niets bijzonders aan te zien, een vader, een moeder en een jongetje van vier, maar ik kan mijn ogen niet van ze afhouden. Zij stoft iedere dag de vensterbank af en ze brengt haar kind naar de kleuterschool in het kinderzitje, achter op de fiets. Hij gaat elke ochtend naar zijn werk, dat zie ik niet, want dan slaap ik nog, maar ik zie hem wel thuiskomen. Om half zes eten ze, daar kan ik de klok op gelijk zetten. Nu leeft half Nederland op deze manier, maar dit keurige echtpaar heeft een merkwaardige achtergrond: hij heeft de hele wereld bereisd en zij heeft jarenlang aan de zelfkant van de maatschappij geleefd in de gribus van Londen. Hij vond haar toen ze op sterven na dood in een plantsoen lag. Hij heeft haar meegenomen naar Amsterdam, ze zijn getrouwd, en voor zover ik vanuit mijn raam kan zien, zijn ze gelukkig. Zouden ze nooit eens over vroeger praten, heb ik me wel eens afgevraagd, zouden ze herinneringen ophalen over het wilde leven van weleer?

Het is niet waarschijnlijk. Zij wast de vitrage elke veertien dagen en het enige ongeregelde dat ik van hem weet, is, dat hij nog wel eens wat moeilijk aan tafel te commanderen is. Dat heeft zijn vrouw me verteld. Hij heeft op zolder een treintafel staan met enorme bergen van gips. Daar laat hij bloedstollende ongelukken plaatsvinden met de TGV. Als zijn vrouw roept dat hij aan tafel moet komen, protesteert hij omdat de ambulance onderweg is of de catastrofe net zou beginnen.

Maar tenslotte wint het geluk het altijd van het avontuur. Voor zessen is het eten op, dan hebben ze nog een lekkere lange avond.

Rijk

'Ik wou dat ik rijk was en niet zo knap,' zei de man aan de bar.

'Daar heb jij niks aan,' antwoordde de kastelein, 'als jij geld had, zou je het toch allemaal naar mij brengen. Echte rijke mannen kijken wel link uit, die zitten niet in een café.'

'Dat is waar!' zei ik verrast, 'die zitten thuis. Of op een vergadering.' Ik kan het weten want ik maak het van dichtbij mee. Mijn vriendin heeft een romance met een miljonair. Toen ze hem pas had was ze zielsgelukkig, want ze heeft een dure smaak en een ontoereikend salaris, maar de miljonair valt tegen. Hij doet niks met zijn geld, tenminste niet wat zij wil. Hij geeft het niet uit aan haar. Hij belegt het en hij betaalt er adviseurs van die hem op hoge aftrekposten wijzen, maar cadeautjes voor zijn lieve vriendin kopen, op chique diners trakteren, dat is er allemaal niet bij. Laatst gingen ze naar de opera. De miljonair heeft een abonnement op de opera. 'Wat zal ik aantrekken,' vroeg zij. 'Doe maar iets simpels,' zei de miljonair, 'dat doe ik ook.'

Dat was het verkeerde antwoord.

'Kind, ga iets moois voor jezelf kopen en let vooral niet op de kosten', dát had zij graag willen horen, maar dat zegt hij nooit. De man is zuinig. Nou wil het idiote toeval, dat ze stiekem wel eens vrijt met een andere man die óók miljonair is. 'En die geeft ook niks weg,' zei ze treurig, 'nog geen ringetje.'

De eerste miljonair heeft een droom van een huis, met een oprijlaan, een tennisbaan en een enorme patio, een zonbalkon en een luxe salon, maar daar zitten ze nooit. De miljonair zit het liefst in zijn studeerkamer, een rommelig vertrek met boeken en een bureau. Er staat ook een televisie en een grote canapé en daar zit hij 's avonds in een huispyjama te zappen met de afstandsbediening. Geestelijk is hij ook nogal zuinig.

'Ik zou net zo goed een doodgewone kantoorman kunnen hebben,' zuchtte zij, 'of een automonteur, daar heb ik tenminste wat aan als de auto kapot is.'

'Of een geschiedenisleraar,' zei ik, want dat lijkt mij zo leuk. Als je niets meer weet te bespreken met elkaar, vraag je hem iets over de Hoekse en Kabeljauwse twisten of over de renaissance.

'Ben je gek,' zei zij, 'wat moet ik met een leraar? Ik lees wel een boek als ik iets wil weten.'

'Ik heb geen auto,' zei ik, 'ik heb niks aan een monteur. En ik hoef geen miljonair, tenminste niet zo'n slome.'

Ze bestaan wel, de rijke mannen die een luxe leven leiden met een jacht, een Rolls Royce en een bontjas voor de jongedame. Ik las laatst in een Amerikaans tijdschrift een verhaal over de directeur van een babypoederfabriek, die een liefdesrelatie onderhoudt met een meisje dat het van koksmaat via kamermeisje tot eerste verloofde heeft weten te schoppen. Als hij op reis gaat, mag zij mee en terwijl hij vergadert, gaat zij winkelen.

Dat vind ik eerlijk gezegd geen opwindend bestaan. Iedere dag winkelen gaat op den duur nogal lijken op boodschappen doen en waar moet je het met zo'n babypoederman over hebben? 'Over hem,' zei mijn vriendin stellig, 'dat hoort zo. Je moet hem vleien en zijn schouderspieren masseren en hem vertellen hoeveel bewondering je voor hem hebt. En dan vraag je om nog een bontjas.'

'Waarom doe jij dat dan niet?' vroeg ik.

'Ik ben er te ongeduldig voor,' bekende ze, 'ik hou dat gevlei niet vol. Daarom heb ik ook niks aan mijn rijke mannen. Miljonairsverloofdes hebben er ook een hoop werk aan hoor, dat regel je niet in een achternamiddag. Zoiets moet je opbouwen. En als je eenmaal met zo'n man getrouwd bent, is het soms nog een slavenbestaan.'

Ze vertelde het verhaal van een jonge vrouw die ze op een rijke-mensenfeest had ontmoet. Zij werkte vroeger in een chic hotel en de vriend die ze toen had, was stukadoor. Ze waren heel gelukkig tot zij verliefd werd op een droomdirecteur die in het hotel kwam confereren. Ze verliet de stukadoor, trouwde met de directeur en nu staat ze iedere dag in haar gloednieuwe keuken van dertigduizend gulden andijvie voor die man te koken.

Hoe meer ik over het leven naast een rijke man hoor, hoe minder animo ik voel er ook zo een te verschalken. Het is trouwens nergens voor nodig, ik ben zelf rijk.

Toen ik in goeden doen begon te komen, vroeg ik mij nieuwsgierig af of het verschil zou maken. Zou mijn salaris sexy zijn? Maar het valt tegen. Als mannen al belangstelling voor mij tonen dan heeft het meer met mijn borstomvang dan met mijn bankzaken te maken. Alleen in het café komt het erg gelegen dat ik geld heb. Ik wil nog wel eens een rondje geven en dat wordt gewaardeerd. Ze vinden me niet zo knap, maar erg rijk.

Dood

Mijn vriendin belde op: 'Kom gauw naar het café,' zei ze, 'ik moet je iets laten zien.'

Ik schoot mijn jas aan en rende de straat op. Even later kwam ik hijgend het café binnen waar mijn vriendin zat te wachten, samen met haar echtgenoot en nog een man. Ze hoefde me niets te vertellen, hij was het wat ze had willen laten zien. De man was een monument. Hij was groot en breed, hij had sterre-ogen en blinkend witte tanden. Als hij glimlachte verbleekte de zon en als hij sprak, klonk er muziek.

'Wat een mooie man!' fluisterde ik tegen mijn vriendin, 'stel je voor dat je er zo een hebt.'

'Stel je voor dat je er zo een bent,' corrigeerde zij, 'hij is nog rijk ook, en vrijgezel. Alle vrouwen vallen op hem.'

Ik dacht na over wat ze zei. Ik weet niet of ik een man zou willen zijn, zelfs niet zo'n man. Vroeger wilde ik dat wel. Mannen hebben het gemakkelijker in de wereld, meende ik, ze kunnen in hun eentje reizen zonder lastig te worden gevallen door kerels, die aan ze willen zitten. Als ze werken, verdienen ze meer dan vrouwen en in bed zijn ze niet zo gecompliceerd. Een penis is minder humeurig dan het vrouwelijk geslachtsdeel, niet zo snel in het ongerede.

Ik heb eens aan een man gevraagd hoe het is om een penis te hebben. Hij keek peinzend naar zijn broek. 'Het is niet zo dat een man altijd maar geil is,' zei hij, 'het is meer, dat je op ieder moment bereid bent geil te worden.'

'Maar hoe is het om zo'n ding te hebben?' drong ik aan, 'vergeet je hem wel eens, zoals je een litteken vergeet of dat je bruine ogen hebt?'

'Je bent je er voortdurend van bewust,' antwoordde hij, 'ik voel hem altijd, hij is nooit weg, ook niet als ik een band sta te plakken of de krant lees.'

Eén zo'n vraag aan een enkele man is geen wetenschappelijk onderzoek, het zou heel goed kunnen zijn dat het voor iedere man anders is, maar ik kon me er wel wat bij voorstellen.

Misschien hebben vrouwen iets vergelijkbaars, al is dat gevoel niet in één lichaamsdeel gevestigd. Een vrouw is zich bewust van haar hele lichaam. Ze weet altijd hoe ze eruitziet. Ik zou niet één vrouw weten die het werkelijk niks kan schelen om in een jurk die dik maakt de straat op te gaan om een brief te gaan posten. Ook al is er niemand bij, ze heeft het gevoel dat ze gezien wordt en gewogen. Als er onverwacht wordt aangebeld, werpt zij snel een blik in de spiegel. Ik heb mezelf er wel eens op betrapt, dat ik dat deed als de telefoon ging.

Ik ben vaak jaloers geweest op mannen. Mannen hebben het leuker. Ze gaan biljarten en vissen, ze gaan dronken worden in het café. Ik zou natuurlijk ook kunnen gaan biljarten, maar ik vind er niks aan en vissen vind ik zielig. Ik benijd mannen om de vaart waarmee ze zich in hun pleziertjes storten, om hun overgave aan nutteloze bezigheden. Het is niet voor niets dat het vooral mannen zijn die op de tribunes van sportvelden staan te juichen. Vrouwen zie je er ook wel, maar die staan daar meestal om te zorgen dat een of ander zoontje zijn sporttas bij zich heeft en een handdoek, zelden omwille van een eigen passie.

Vrouwen krijgen het pas later leuk, als ze een jaar of zestig zijn. Dan zijn de kinderen volwassen, de rimpels een feit en de overgang is achter de rug. Vaak zie je ze dan enorm opbloeien. Hun huwelijksleven lang hebben ze een stapje achter hun echtgenoot aangelopen, nu lopen ze voorop. Brutaal blikken ze de wereld in, ze hebben nog een kwart eeuw voor de boeg. Hun man niet, die mag blij zijn als hij vijf jaar pensioen haalt.

Een man leeft niet lang, korter dan een vrouw. Ik heb twee wetenschappelijke artikelen gelezen die daar over gaan. In het ene werd de nadruk gelegd op de aanmaak van sperma. Daar zou een man zo uitgeput van raken, dat het maar liefst zes jaar eerder met hem gedaan is. Biologen hebben ontdekt dat een bepaald soort manlijke wormpjes veel eerder doodgaat dan de wijfjes en het verschil in levensduur was toe te schrijven aan de produktie van zaad. Het verschil tussen mensen en wormen is te verwaarlozen, dus de conclusie lag voor de hand: zaad kost jaren.

Het artikel veroorzaakte ontsteltenis onder de mannen.

Je mag dan geen ruggemergtering meer krijgen van zelfbevrediging, de levensdagen spuiten zó uit je weg, dachten ze en namen zich voor nooit meer een orgasme te veroorzaken. Nu zou dat maar ten dele helpen, want de aanmaak van sperma gaat altijd door, ook al komt een man niet klaar. Ongebruikt zaad wordt afgebroken en afgevoerd, terwijl de zaadballen al weer nieuwe spermatozoïden aan het maken zijn. Het is wel zo, dat een man meer zaad produceert naarmate hij vaker ejaculeert.

Minder vaak klaarkomen remt de aanmaak misschien een beetje, maar dan nog is hij niet gered. Dat bleek uit het andere artikel. Daarin kreeg het manlijk hormoon, het testosteron, de schuld van het voortijdig sterven van mannen.

Die stof zet het lichaam aan tot de produktie van endotheline, een substantie die de bloedvaten vernauwt en daardoor hartinfarcten veroorzaakt.

Vrouwen hebben ook testosteron, maar lang niet zoveel als mannen. Die zitten tot de nok toe vol met dat spul.

Testosteron maakt hitsig en vechtlustig, het maakt dat een man de strijd wil aanbinden met alles wat beweegt, maar hij gaat er aan ten onder.

Al dat mannelijk vertoon, de opwinding en de geldingsdrang, het is niet meer dan machteloos gespartel in afwachting van het zwaard, dat valt.

Urinoir

Ik heb een woonidee. Het is geen goed idee, want ik ben er zelf tegen, maar als het in een tijdschrift gelanceerd wordt, gaat het een rage worden: het urinoir.

Ik ken twee huishoudens waar ze er al een hebben. Naast het zitelement is er ook een urinoir op het toilet. De bewoners van het huis zijn er heel trots op. Als er een man bij hen op bezoek komt, kunnen ze haast niet wachten tot hij zover is. Straks gaat hij naar de wc en dan zal hij eens wat zien!

Soms is de verrassing wederkerig.

Er was een man op visite die zo enthousiast was, dat hij deed wat hij altijd deed wanneer hij een urinoir tegenkwam: hij schreef een vies woord op de muur.

Mannen zijn niet helemaal zindelijk. In openbare gelegenheden kun je dat goed merken. Het herentoilet ruikt naar urine, het damestoilet niet. Dat komt doordat een man staat bij het plassen. Als je staat spettert de straal, vooral als hij van grote hoogte komt. Daarom is een gewone wc niet geschikt. Een man zou beter kunnen gaan zitten, net als een dame. Maar dat wil hij niet, voor geen prijs. Ik heb het vaak voorgesteld, maar daar reageerden de mannen niet vriendelijk op. Het leek wel of ik ze aangeraden had een beha te gaan dragen of een panty. Zodra een jongen groot genoeg is, leert hij zijn urine staande te lozen. 'Nu ben je een echte jongen,' zegt zijn vader, 'net als papa.' En net als papa kliedert hij naast de rand. En hij plast op straat, dat vinden mannen ook doodgewoon.

Op het Rembrandtplein staat een vrouw. Ze heeft een dure mantel aan, ze draagt schoenen met hoge hakken en ze staat zo te zien op iemand te wachten. Gegeneerd kijkt ze om zich heen, ze lijkt warempel wel een dame van lichte zeden, denkt ze. Ze is niet de enige die dat vindt. Een buitenlander geeft haar een intiem teken. Hij is kennelijk niet goed op de hoogte van de Nederlandse cultuur. Iedere Nederlander weet, dat deze vrouw geen prostituée is maar een Nederlandse echtgenote die op haar man wacht. Die staat verderop tegen een boom te plassen. Dat zou een buitenlandse man nooit doen.

Het echtpaar is tien minuten geleden van huis gegaan, maar meneer doet het liever op straat dan thuis op de wc. Het is een van die dingen die in de openlucht plezieriger zijn dan thuis en daarbij komt: het mag! Als een man zomaar zijn geslachtsdeel te voorschijn haalt, is hij een exhibitionist en wordt hij ingerekend, maar op straat plassen wordt aanvaard. Iemand die ernaar kijkt is degeen die zich onbehoorlijk gedraagt, niet de man die staat te wateren.

De echtgenoot ritst met een voldane zucht zijn broek weer dicht. Klaar is Kees. Voor zijn vrouw is de avond bedorven. Ze is kwaad, ze schaamt zich en ze denkt: het lijkt wel of ik met een reu getrouwd ben, zo'n snuivende hond die bij iedere boom zijn poot oplicht. Als haar man zich weer bij haar voegt, loopt ze met een stug gezicht mee. Ze geeft hem beslist geen hand, bah nee.

Hij is niet op de hoogte van de gevoelens van zijn vrouw. Ze heeft het hem wel gezegd dat ze het onbeschaafd vindt als hij zijn behoefte op straat doet, maar daar moest hij om lachen.

'Ik doe het netjes tegen een boom, daar heeft niemand last van. Je bent jaloers omdat vrouwen dat niet kunnen.'

Maar hij doet het niet alleen tegen een boom, heeft zijn vrouw eens tegen haar vriendin geklaagd, hij doet het ook in de gracht. Hij schrijft zijn naam in het water.

'De mijne is nog erger,' zei de vriendin, 'zelfs al is er een urinoir, dan gaat hij ernaast staan plassen. Tegen de buitenkant. Dat ding stinkt toch al, zegt hij. Heb je de Waag al eens geroken? Daar doet heel Amsterdam het tegenaan.'

Alle monumenten stinken, daar vliegen mannen op af. Ze plassen 's avonds in verlaten winkelstraten, in portieken en als ze dronken zijn zelfs in brievenbussen. Alle stegen in de stad zijn vergeven van de urinegeur. Maar het liefst plassen mannen tegen iets dat leeft.

Op Schiphol heb je urinoirs met een afbeelding van een insekt in het glazuur. Daar mikken de mannen op, dat wist de ontwerper, hij heeft het expres zo gemaakt.

Lang geleden had ik een verloofde, die tegen mij aan plaste. Dat deed hij niet op straat, maar als ik onder de douche stond. Ik werd heel kwaad, maar dat hielp niet. 'Je wast het er zo weer af,' lachte hij onbekommerd. Hij vond het leuk.

Later had ik een ander, die nog iets veel ergers deed. Als we samen in bad zaten, plaste hij in het water, vanwege de intimiteit.

Tegenwoordig mag niemand meer bij me in bad en ook niet onder de douche. Sanitaire voorzieningen zie ik graag strikt gescheiden.

En voor ik met een man uit wandelen ga, vraag ik of hij naar de wc is geweest. Maar het maakt geen verschil, als hij een boom ziet, kan hij het niet laten.

Inhoud